HEADS UP MONEY
COPYRIGHT © DORLING KINDERSLEY LIMITED, 2016
A PENGUIN RANDOM HOUSE COMPANY

10대부터 읽는 머니 스쿨
HEADS UP MONEY

초판 발행 2023년 7월 20일

지은이 마커스 위크스(MARCUS WEEKS)
감수 데릭 브래든(DEREK BRADDON)
옮긴이 송보라
발행인 이종원
발행처 (주) 도서출판 길벗
브랜드 더퀘스트
주소 서울시 마포구 월드컵로 10길 56(서교동)
대표전화 02)332-0931 | **팩스** 02)322-0586
출판사 등록일 1990년 12월 24일
홈페이지 www.gilbut.co.kr | **이메일** gilbut@gilbut.co.kr

기획 및 책임편집 박윤경(yoon@gilbut.co.kr) | **제작** 이준호, 손일순, 이진혁, 김우식
마케팅 정경원, 최명주, 김진영, 김도현 | **영업관리** 김명자, 심선숙, 정경화 | **독자지원** 윤정아, 최희창

교정교열 김동화 | **디자인 및 전산편집** 한희정
CTP 출력 및 인쇄 북토리 | **제본** 신정제본

- 더퀘스트는 길벗출판사의 인문교양·비즈니스 단행본 브랜드입니다.
- 이 책은 저작권법에 따라 보호받는 저작물이므로 무단전재와 무단복제를 금합니다.
  이 책의 전부 또는 일부를 이용하려면 반드시 사전에 저작권자와 길벗출판사의 서면 동의를 받아야
  합니다.
- 잘못 만든 책은 구입한 서점에서 바꿔 드립니다.

ISBN 979-11-407-0473-6 43320

(길벗 도서번호 070492)

정가 16,800원

	제 품 명 : 10대부터 읽는 머니 스쿨	주 소 : 서울시 마포구 월드컵로 10길 56(서교동)
KC	제조사명 : 더퀘스트	전화번호 : 02-332-0931
	제조국명 : 대한민국	제조년월 : 판권에 별도 표기
	사용연령 : **10세 이상**	KC마크는 이 제품이 공통안전기준에 적합하였음을 의미합니다.

독자의 1초까지 아껴주는 길벗출판사
(주)도서출판 길벗 IT교육서, IT단행본, 경제경영서, 어학&실용서, 인문교양서, 자녀교육서 www.gilbut.co.kr
길벗스쿨 국어학습, 수학학습, 어린이교양, 주니어 어학학습, 학습단행본 www.gilbutschool.co.kr

For the curious
www.dk.com

학교에서 가르쳐주지 않는
돈의 원리부터 경제 흐름까지

10대부터 읽는 머니스쿨

마커스 위크스 지음 | **송보라** 옮김

더퀘스트

차례

쇼 미 더 머니
화폐와 경제

무엇이 가치 있는가?
자원과 비즈니스

돈의 세계

'돈이 세상을 움직인다'라는 말이 있습니다. 그리고 돈 없이는 하루도 살 수 없을 것 같죠.

우리는 모두 돈이 필요하지만, 돈이란 무엇이며 왜 중요한지 제대로 알고 있지 않습니다.

어떻게 지폐와 동전, 카드로 우리가 원하는 것을 살 수 있는 걸까요?

경제는 비즈니스와 일자리에 어떤 영향을 미칠까요?

또 우리의 환경과 사회, 세계에는 어떤 영향을 미칠까요?

우리가 원하는 삶을 살고 미래를 보장하기 위해서는 어떤 선택을 해야 할까요?

돈이 없다면 우리는 매일 물물교환을 해야 할 것입니다. 시간도 오래 걸리고 매우 비효율적인 방법이죠. 교환 수단인 화폐가 탄생하면서 경제는 빠르게 효율적으로 돌아갔고, 그로 인해 비즈니스도 가능해졌습니다. 순은(스털링)은 머시아의 오파 왕 통치 시절(서기 757~796년) 영국에 처음 등장한 통화였습니다. 은 페니 240개의 무게는 은 1파운드와 같았죠. 그래서 영국의 통화를 파운드 스털링이라 부르게 되었습니다. 1785년 미국은 1달러를 금 270그레인이나 은 416그레인의 가치와 동일한 화폐 단위로 채택했습니다. 그리고 종이 화폐가 널리 쓰이게 되자 통화를 금과 은으로 보장하는 시스템은 중단되었고, 종이(명목) 화폐가 표준으로 자리 잡았습니다.

오늘날 우리 경제는 명목화폐를 중심으로 신용카드와 현금카드, 선불카드, 그리고 휴대폰을 사용한 비접촉식 결제를 지급 수단으로 사용하고 있습니다. 우리는 돈으로 가치를 측정하고 저장(저축)할 수도, 개인 간에 가치를 교환할 수도 있습니다. 이제 돈은 거래를 도울 뿐 아니라 그 자체가 투기 목적으로서 세계의 주요 거래 품목이 되었습니다.

세계 금융시장을 통한 돈의 거래는 하루 5조 달러가 넘습니다. 이 중 1% 미만이 실제 거래와 관련이 있고, 나머지 99%는 돈 자체를 거래하죠. 경제학은 다양한 방식으로 삶에 영향을 미칩니다. 우리가 종사하는 산업과 정부의 운영 방식을 보강하고, 우리의 주머니에 든 돈과 소비 방식을 살피면서 말이죠.

경제학자는 무슨 일을 할까?

학계의 경제학자

경제학 교육

대부분의 학교는 학생들에게 경제학을 가르칩니다. 경제학은 비즈니스와 금융, 정부 분야로 진출하고 싶은 학생들에게 인기 있는 과목이죠.

연구 경제학자

많은 경제학과 학생들이 학업을 이어가며 학계에 몸을 담는 경제학자가 됩니다. 그들은 경제학 이론을 가르치고 연구합니다.

공공 부문의 경제학자

정치경제학자

경제학과 학생들은 정치 분야에 여러 일자리가 있습니다. 많은 정치인이 경제학을 공부했으며, 정부는 정책에 관해 조언해줄 전문적인 경제학자를 고용하죠.

정부의 경제학자

세무나 재무 부서처럼 많은 정부 부처는 경제학 관련 자격을 갖춘 사람을 고용합니다. 모든 공무 부처에는 경제학자가 필요하기 때문이죠.

민간 부문의 경제학자

은행

경제학을 전공한 후 은행에 취업하기도 합니다. 대형은행에서 개인 고객이나 소기업을 상대하기도 하고, 대기업에 자금을 제공하는 투자은행에서 일하기도 하죠.

트레이더와 애널리스트

경제학 공부는 증권거래소나 원자재 선물시장 같은 금융시장에 종사하는 트레이더에게 유용합니다. 경제학자는 트레이딩 회사에서 분석가나 고문 역할을 맡기도 합니다.

경제학은 정부와 기업, 개인이 자원을 관리하고 재화와 서비스를 제공하는 다양한 방식을 연구합니다. 경제학을 공부한 이들 중 일부가 경제학자가 되어 정부와 기업의 경제 고문으로 활동하거나 대학의 경제학과에서 일하죠. 그리고 대다수가 공공과 민간 부문에서 일하며 경제학의 지식을 간접적으로 사용합니다.

경제학에는 거시경제학과 미시경제학이라는 두 주요 분야가 있습니다. 우선 거시경제학은 나라와 정부의 경제를 연구합니다.

거시경제학

미시경제학은 경제의 특정한 측면을 들여다보고, 재화와 서비스를 사고파는 개인과 기업의 경제적 행동을 연구합니다.

미시경제학

경제학과 학생들은 경제 개념과 관련된 과목을 공부하기도 합니다. 경영학, 정치학, 법학, 사회학뿐 아니라 철학과 같은 과목도 해당하죠.

응용경제학

경제학자는 UN과 세계은행 같은 주요 국제기관에서도 일할 수 있습니다. 개발경제학을 전문으로 하는 사람들은 구호기관이나 자선단체에서 일을 하기도 하죠.

개발경제학

경제학자는 회계사나 재정자문가로 일하며 기업과 보험회사, 개인의 저축과 세금, 투자 같은 문제를 해결하는 데 도움을 주기도 합니다.

재정자문가와 회계사

TV와 라디오, 신문은 뉴스를 분석하고 시사를 보도해야 하므로 경제학을 전공한 언론인들을 고용합니다.

미디어

쇼 미 더 **머니**

화폐와 경제

돈이란 무엇인가?

시장의 개념

통화의 발전

공정한 환전

돈이 어디로 간 걸까?

경제학 이해하기

돈은 우리의 삶에 매우 중요한 존재입니다. 우리는 돈을 벌어 필요한 재화를 구입하고, 미래를 위해 저축을 하죠. 그리고 돈과 모든 종류의 비즈니스가 생산하는 재화와 서비스를 교환합니다. 경제학은 돈은 물론, 이러한 재화와 서비스의 생산과 관리 방식을 연구하는 학문입니다.

돈이란 무엇인가?

돈은 삶에서 중요한 역할을 합니다. 우리는 돈을 얻기 위해 매일 열심히 일을 하죠.
어떤 사람들은 더 많은 돈을 벌기 위해 큰 위험을 감수하기도 합니다.
얼마나 많은 돈을 가졌느냐가 성공 여부를 판단하는 기준이 되기도 하죠.
그리고 돈이 부족해 고통받는 사람들도 있습니다.

돈, 돈, 돈

돈이란 정확히 무엇일까요? 많은 사람이 '돈'이라고 하면 주머니나 지갑에 든 지폐와 동전 같은 현금을 떠올립니다. 그러나 눈에 명확히 보이지 않는 돈도 있습니다. 예를 들면 친척이 우편으로 보낸 수표 선물이나 특정 가게에서 쓸 수 있는 상품권이 그렇지요. 은행 계좌에 많은 돈을 보관하고 있지만, 월급 명세서에 찍히는 숫자 말고는 실질적으로 돈을 보지 못하는 것과 비슷합니다. 신용카드, 현금카드, 온라인 지불 수단도 모두 돈이 필요합니다.

교환

돈의 형태는 매우 다양하지만 몇 가지 공통점을 가지고 있습니다. 가장 우선적이고 분명한 것은 돈으로 물건을 살 수 있다는 것이죠. 경제학자들은 이를 가리켜 '교환 수단'이라고 부릅니다. 교환 수단이란, 어떤 사람이 우리가 원하거나 필요로 하는 것을 제공할 때 그 대가로 그들에게 줄 수 있는 것입니다. 예를 들어 한 친구가 자신에게는 필요 없는 축구 경기 표를 가지고 있

다고 생각해봅시다. 그러면 내가 가진 여분의 헤드폰과 그 표를 교환하자고 제안할 수 있겠죠. 또는 다른 사람에게 헤드폰을 팔고 그 돈으로 친구에게 표를 살 수도 있을 거예요. 헤드폰을 팔아 돈을 얻는 편이 자신에게는 더욱 유용합니다. 그 돈으로 헤드폰이 필요 없는 많은 사람에게서 다양한 종류의 물건을 살 수 있기 때문이죠.

가치를 측정하고

돈은 저축하고

> **돈은 역사의 흐름을 결정짓는 데**
> **가장 중요한 역할을 한다.**
>
> 《공산당 선언》

↑ **돈의 용도는?**
돈에는 세 가지 주요 용도가 있다.
가치의 저장이나 저축, 가치를 측정하는
공통 단위, 재화나 서비스를 사기 위한
교환 매개체의 용도가 바로 그것이다.

무언가를 교환하는 데 쓰인다.

돈을 사랑하는 것은 모든 악의 근원이다.

킹 제임스 성경

22-23, 102-103쪽 참고

지속적인 가치

돈은 미래를 위한 저축 수단입니다. 경제학자들은 이를 '가치의 저장'이라고 부르기도 하죠. 우리는 일터에서 일을 하고 그 대가를 받습니다. 만약 돈이 존재하지 않았다면 음식이나 다른 필수품으로 받았을 거예요. 그러나 임금을 돈 봉투나 은행 계좌로 받으면 식료품과 옷을 사고 비용을 내는 데 사용할 수 있습니다. 매우 다양하게 쓸 수 있는 것이죠. 필요한 것을 사고 남는 돈이 있다면 나중을 위해 저축을 할 수도 있어요. 예술작품이나 부동산, 땅과 같이 가치를 저장하는 다른 방법들도 있지만, 돈이 훨씬 교환하기 쉽고 유연합니다. 이렇게 유용하게 돈을 쓰려면 시간이 흘러도 그 가치가 유지되어야 합니다. 그래야 필요할 때 은행 계좌에 있는 돈을 찾아 쓸 수 있습니다.

화폐학은 동전이나 지폐 형태의 돈을 연구하거나 수집한다.

가격 매기기

문제는 표와 헤드폰의 가치가 얼마이냐는 것입니다. 두 품목의 가치를 측정할 방법이 없다면 매우 다른 두 물건을 교환하는 것이 정당한지 알기 어렵죠. 이것이 돈의 또 다른 기능입니다. 소위 '계산 단위'로 쓰이며 물건의 값을 매기는 수단이 되는 것이죠. 돈은 달러, 파운드, 유로, 엔과 같은 통화처럼 단위 체계를 갖습니다. 우리는 이 단위를 사용해 물건의 가격을 매기고 가치를 비교할 수 있죠.

돈의 가치란?

배가 난파되어 무인도에 갇히게 되었다고 상상해봅시다. 난파선에서 해변으로 떠밀려온 물품을 보니 지폐가 가득한 여행 가방과 금이 잔뜩 든 나무 상자, 음식 꾸러미가 있습니다. 이 중 어떤 것이 가장 가치 있을까요? 사용할 곳이 없는데도 돈이나 금이 가치 있을까요?

시장의 개념

많은 사람이 '시장'이라고 하면 상인들이 과일과 야채, 생활용품을 파는 노점이나 현대식 마트, 쇼핑몰을 떠올립니다. 그러나 경제학자들은 '시장'을 모든 종류의 재화와 서비스의 교환이라는 좀 더 넓은 의미로 생각합니다.

고대 그리스의 시장인 아고라는 도시의 사회적·정치적 중심지이기도 했다.

필요한 것 얻기

경제학에서 시장은 장소가 아니라 사람들이 음식, 옷, 가전제품 등과 같이 필요한 것을 얻는 수단을 뜻합니다. 이러한 재화의 생산자가 판매하는 수단이 시장이기도 하죠. 예를 들어 자전거 생산자는 자전거를 노점에서 팔 수도 있지만 상점이나 인터넷을 통해 판매할 가능성이 더 큽니다. 이렇게 물건이 시장에 나오는 방법은 매우 다양합니다.

시장은 사람들이 물건을 사고팔기 위해 특정한 장소인 장터에 나오면서 시작되었습니다. 판매자는 노점

공급은 항상 수요를 따라간다.

로버트 콜리어(Robert Collier), 작가

에서 자신이 만든 음식을 팔거나 미용처럼 자신이 할 수 있는 서비스를 제공했죠. 오늘날에는 도시와 중심지에서 전통시장을 쉽게 찾아볼 수 없습니다. 대신 식료품부터 전자제품, 의류까지 모든 것을 판매하는 마트와 쇼핑센터가 자리를 잡았죠. 번화가와 쇼핑센터에서는 서비스 제공업체도 찾을 수 있습니다. 미용사, 변호사, 안경사 등은 자신의 매장과 사무실에서 전문성을 제공합니다.

🡇 재화와 서비스

모든 종류의 재화와 서비스 제공자는 상품을 시장에 내놓아 판매한다. 구매자는 보통 접점이 있는 원자재와 제조품, 서비스를 시장에서 구할 수 있다.

원자재 가공

제조품

전문시장

한 종류의 상품만 전문으로 취급하는 시장도 있습니다. 예를 들어 해안 마을에는 어시장이 자주 섭니다. 전문시장은 보통 대중이 아니라 그 재료를 일정 방식으로 가공할 대상과 거래를 합니다. 농부라면 옥수수 농작물을 갈아 밀가루로 만들 제분업자와 거래를 하겠죠. 농작물만이 이런 전문시장에서 팔리는 것은 아닙니다. 일반 시장에 어시장과 옥수수 교환시장이 출현한 것처럼 산업 도시나 항구에 철과 석탄, 다이아몬드 같은 물건을 교환하는 시장이 많이 생겨났습니다.

구입과 판매

이렇게 특정 전문시장에서 판매되는 모든 재화를 '원자재'라고 합니다. 전문시장의 재화는 커피와 차에서 금속과 플라스틱까지 매우 다양하며, 보통 대량으로 거래됩니다. 시장은 상품이 실제 존재하는 곳이 아닌, 거래자들이 만나 가격을 흥정하고 거래를 성사하는 장소인 것이죠. 거래자가 자신을 위해 상품을 사고파는 것이 아니라 농부 같은 생산자를 대신해 판매하거나 제품을 가공하는 식품 가공업체를 대신해 구매할 때도 많습니다. 시장 노점이든, 백화점이든, 원자재 시

주식시장

주식시장은 사람들이 회사의 지분이나 주식을 사고파는 곳입니다. 증권거래소 건물은 뉴욕과 런던, 도쿄 같은 도시들에 있죠. 컴퓨터 기반의 가상 시장인 나스닥(전미 증권업 협회 주식시세 자동 통보 체계)에서는 거래가 전자로 이루어집니다.

장이든 모든 종류의 시장에서 이루어지는 판매와 구매의 원리는 동일합니다. 시장은 자원을 배분하는 방법이며, 판매자가 제공하는 공급과 구매자가 원하는 수요의 균형을 맞추는 수단입니다.

36-37쪽 참고

모든 원자재는 인간의 노동으로 가치가 생겨난다.

카를 마르크스(Karl Marx), 경제학자이자 철학자

사용

서비스 필요

통화의 발전

돈이 발명되기 이전에는 재화나 서비스를 서로 바꾸거나 물물교환을 했습니다. 이 교환은 각 거래 당사자가 상대방이 원하는 것을 가지고 있을 때 가능했습니다. 사람들은 원활한 교환을 위해 모두가 가치 있다고 인정할 만한 무언가를 찾아야 했습니다. 물건을 사고파는 데 사용할 수 있는 통화가 필요했죠.

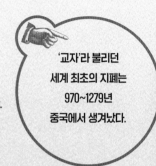

'교자'라 불리던 세계 최초의 지폐는 970~1279년 중국에서 생겨났다.

무엇이 가치 있는가?

고대사회에서 통화의 형태는 불편한 물물교환 시스템을 대체하기 위해 생겨났습니다. 물물교환을 하려면 내가 거래하고 싶은 상대방이 원하는 물건을 대가로 줄 수 있어야 했죠. 그러나 고대 사회의 통화는 오늘날 우리가 아는 돈의 형태가 아니었습니다. 옥수수나 보릿자루처럼 필요하고 유용한 물품이 교환의 매개체로 사용되었죠. 이러한 '실물화폐'는 모든 종류의 재화를 사는 데 사용할 수 있었습니다. 가격은 곡물의 일정 무게에 따라 책정되었습니다.

물론 곡물만 가치 있다고 여겨진 것은 아닙니다. 보석이나 금속, 심지어 조개껍데기도 여러 사회에서 가치가 높았고, 이들 역시

> **금은 여전히 전 세계에 통용되는 절대적 지급 수단이다.**
>
> 앨런 그린스펀(Alan Greenspan), 전 미국 연방준비제도 의장

통화로 사용되었습니다. 이러한 물품은 귀중품으로 인식될 뿐만 아니라 시간이 지나도 변하지 않는다는 이점이 있었습니다. 또한 대량의 곡물보다 화폐로 이용하기에 더욱 편리했죠. 지중해와 중동의 고대 문명에서는 금과 은이 중요한 교환 수단이 되었고, 이 귀금속의 무게에 따라 상품이 거래되었습니다.

동전과 지폐

사람들은 편의를 위해 이러한 금속 조각을 특정 중량으로 만들기 시작했습니다. 휴대하기 쉬운 작은 원형 형태가 많았죠. 사람들은 더 편리하게 사용하고자 금속의 무게를 각 조각에 새겼고, 이것이 인식할 수 있는 최초의 동전이 되었습니다. 그리고 동전이 널리 보급되자 규격에 맞는 무게와 품질임을 보장하기 위해 그 나라 통치자의 얼굴 같은 권위의 상징을 새겼습니다. 전 세계가 동전 형태의 돈을 만들기 시작했고, 오늘날에도 계속 쓰이고 있죠.

금이나 은의 동등한 가치에 따라 상품의 가격을 매기던 실물화폐의 개념도 발전했습니다. 누군가가 은행에 동전 형태로 일정

금본위제

많은 나라가 자국의 통화를 안정시키기 위해 그 가치를 희소하고 귀한 자원인 금에 연계하는 금본위제를 사용했습니다. 이는 달러와 같은 통화를 일정량의 금과 똑같은 가치로 평가하는 것이죠. 금을 보유하고 있던 정부는 필요 시 금과 교환할 수 있는 지폐와 동전을 발행했습니다.

돈은 더 이상
금 중량만큼의 가치를
지니지 않는다.

은행은 지폐나 동전의
가치를 지급하겠다고
약속하며 돈을
보증한다.

12-13, 22-23, 102-103쪽 참고

금액을 맡기면 은행은 종이로 된 영수증을 발행해주었고, 나중에 이 영수증을 사용해 돈을 찾을 수 있었습니다. 시간이 흘러 이러한 영수증은 동전 그 자체와 동일하게 돈으로 인정받았습니다. 하지만 은행에서 주는 종이인 은행권 형태의 '종이돈'은 금이나 은의 일정량을 지급하겠다는 약속 말고는 실질적인 가치가 없었죠.

법정화폐

동전은 통화로 계속 사용되었지만 변화가 생겼습니다. 돈이 실질가치를 지닐 필요가 없다는 확신이 들자 많은 나라가 귀하지 않은 금속으로 동전을 만들기 시작했습니다. 지폐와 마찬가지로 실질가치가 없어도 일정 금액을 나타내고 가치 있는 재화와 교환하는 데 사용할 수 있는 것이죠. 이렇게 가치가 거의 없는 것을 지급 수단으로 사용하는 시스템을 '명목화폐(Fiat money, Fiat는 라틴어로 '그렇다고 하자'라는 뜻)', 또는 '법정화폐'라고 부릅니다. 동전이나 지폐의 가치는 그것을 발행하는 은행이나 정부가 선언하고, 대부분의 국가가 법으로 정해놓기 때문이죠.

⬆ **종이로 된 금**
은행권은 그 자체로는
별 가치가 없지만 원래
금을 가지고 책정한 금액이
은행권 소지자에게 지급될
것이라는 은행의 약속을
나타낸다.

> ## 은행이 돈을 만드는 과정은
> ## 너무 간단해 거부감이 든다.
> 존 케네스 갤브레이스(John Kenneth Galbraith), 경제학자

공정한 **환전**

돈은 세상의 모든 일에 사용됩니다. 물건을 사고팔고, 노동의 대가를
지급하고, 가격을 매기는 데 쓰이죠. 그러나 모든 곳에서 동일한 돈을
사용하지는 않습니다. 미국의 달러나 영국의 파운드, 일본의 엔처럼
나라와 지역마다 다른 통화와 화폐 단위를 사용합니다.

UN에서
법정화폐로 인정하는
통화는 180여 개다.

돈의 언어

일반적으로 한 나라의 정부는 통화를 구성하는 화폐의 생산을
담당합니다. 정부는 화폐 주조소에서 동전과 지폐의 생산을 관
장하죠. 그리고 은행을 통해 그 돈을 발행합니다. 정부가 법정화
폐로 승인했기 때문에 사람들은 신뢰를 갖고 돈을 지급 수단으
로 사용합니다. 각 나라의 정부는 어떤 단위의 통화를 사용할지
결정합니다. 나라마다 다른 언어를 사용하게 된 것처럼 다양한
통화가 생겨났죠. 사람들은 자국 안에서 재화나 서비스를 교환
할 때 자기 나라의 통화를 사용할 수 있습니다. 그러나 다른 나라
에서 그 통화를 사용하기란 곤란하죠. 해외에 나가 물건을 살 때
는 그 나라의 돈이 필요합니다. 예를 들어 뉴욕에서 파리로 간 방
문자는 미국 달러를 유로로 교환해야 합니다.

돈의 가격

우리가 사용하는 많은 제품은 국내에서 생산되지 않고 해외에
서 만들어지며, 수입을 해야 합니다. 기업 역시 전 세계 고객에
게 자사의 물건을 판매하죠. 이러한 국제무역은 다른 통화를 사
용하는 이들 간에 거래가 이루어질 때가 많습니다. 따라서 한 통
화를 다른 나라 통화로 교환할 방법이 필요하죠. 해외를 방문하
는 이들은 은행이나 외국환 교환소, 환전 전문업체에서 외화를
구할 수 있습니다. 이곳에서는 특정 환율을 기준으로 돈을 제공
합니다. 이를테면 미국 1달러와 교환되는 외화의 양인 것이죠.
환율은 국가 간에 무역을 할 때도 적용됩니다. 미국 회사는 달러
로 가격을 매겨 물건을 판매하고, 다른 나라의 고객은 환율을 사
용해 자국 통화로 그 물건이 얼마인지 따져볼 수 있어

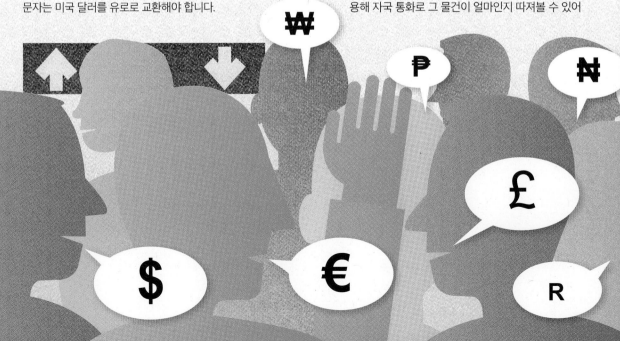

요. 그리고 자국 통화를 달러로 바꿔 물건을 구매하면 됩니다.

강점과 약점

돈을 다른 통화와 교환하는 건 사실상 외화를 구입하는 것입니다. 돈을 사고판다는 개념이 이상해 보일 수도 있지만 이것이 바로 은행과 환전소가 하는 일이죠. 그리고 환율이 바로 그 돈의 가격입니다. 이런 의미에서 통화는 다른 상품과 같이 사고팔 수 있습니다. 실제로 외환을 거래하는 전문시장도 존재합니다. 다양한 통화의 가격, 즉 환율은 이 시장에서 얼마나 수요가 있는지에 따라 가격이 정해집니다. 따라서 환율은 날마다 다를 수 있으며, 국제적으로 거래되는 상품의 가격에 영향을 미칩니다.

유로

제2차 세계대전 이후, 여러 유럽 국가는 평화를 증진하고 교역하기 위해 힘을 모았습니다. 그리고 유럽연합 회원국의 각기 다른 통화를 하나로 통일하자는 생각이 대동했죠. 1999년 전자 거래를 위한 유로(€)가 탄생했고, 2002년 '유로존' 가입국들이 동전과 지폐를 발행했습니다.

그러나 시장이 결정하는 환율과 그에 따라 바꿀 수 있는 외화 금액이 다른 나라에서의 실질적인 구매력을 정확히 알려주지는 못합니다. 작고 가난한 나라의 통화는 주요 통화인 달러나 엔, 유로만큼 수요가 많지 않습니다. 따라서 그 돈의 가치는 매우 낮죠. 부유국의 사람은 이러한 곳에서 자신의 강세 통화를 가지고 자국에서보다 훨씬 더 많은 것을 살 수 있습니다. 이렇게 은행에서 제시하는 '명목환율'과 '실질환율'은 크게 다를 수 있습니다.

돈의 대가는 너무 클 때가 많다.

랠프 왈도 에머슨(Ralph Waldo Emerson), 사상가이자 시인

통화는 언어와 비슷하다.

어떤 나라에서 물건을 구입하려면 그 나라의 돈을 가지고 있어야 한다. 즉, 평소 사용하는 통화를 외국의 통화와 교환하며 사실상 돈을 구입하는 셈이다.

돈이 어디로

요즘에는 지갑에 지폐나 동전을 가득 채워 다니는 사람이 많지 않습니다.
대신 카드나 스마트폰을 사용해 비용을 지불하죠.
이 거래에서 돈은 물리적 형태로 존재하지 않습니다.
계산할 때 돈을 보거나 만질 수도 없죠. 그렇다면 이 돈이 다 어디로 간 걸까요?

신뢰의 문제

실물화폐인 지폐와 동전은 사실 그 자체로는 별 가치가 없습니다. 단지 종잇조각과 값싼 금속에 불과하죠. 그러나 이것을 내면 원하는 것을 살 수 있기 때문에 가치가 생깁니다. 우리가 물건을 살 때 돈을 내면 상대방도 그 돈으로 다른 무언가를 살 수 있다는 것을 알기 때문에 돈을 받는 것이죠. 이러한 거래에는 신뢰가 중요합니다. 우리가 종잇조각과 금속을 지급 수단으로 인정하는 이유는 돈으로 원하는 무언가를 살 수 있다는 믿음 때문입니다. 이렇게 우리가 돈으로 비용을 낼 때 상대방도 그 돈으로 무언가를 살 수 있다는 약속을 하는 셈이죠.

사실 최초의 지폐는 은행이 금 같은 실물가치로 바꿔 줄 것을 약속한 서명된 종이였습니다. 이러한 '약속어음' 개념은 수표 시스템으로 발전했습니다. 모든 돈을 현금으로 보관하는 대신 은행 계좌에 넣어두었다가 쓸 일이 있을 때 소액으로 인출하거나 수표를 쓰는 것이죠. 수표는 간단히 말해, 은행이 당신의 계좌에 있는 돈을 다른 사람에게 보낸다는 약속입니다. 하지만 사실 물리적으로 돈이 옮겨가지는 않습니다. 수표에 적힌 금액은 당신의 은행 계좌에서 차감되어 돈을 받아야 하는 사람의 계좌로 입금됩니다. 은행은 금이나 은, 심지어 현금도 물리적으로 옮기지 않습니다. 그저 컴퓨터 메모리에 기록된 숫자를 간단히 바꾸는 것이죠.

전자화

기술의 발전으로 수표가 쓰인 종잇조각도 불필요해졌습니다. 컴퓨터 칩이 든 현금카드와 신용카드는 이러한 종이 거래를 대부분 대체했죠. 결제가 완료되면 계좌에서 금액이 자동 차감되어 다른 계좌로 옮겨지는 방식입니다. 그리고 이제 서명 대신 PIN(개인식별번호)이나 비밀번호를 사용합니다. 이러한 번호를 사용해 온라인으로 물건을 구매하고 한 계좌에서 다른 계좌로 돈을 전자이체할 수도 있어요. 점점 더 많은 사람이 물건을 구입할

현금은 적게 ➜
작은 일상 용품을 구매할 때는 여전히
현금을 사용하기도 하지만 온라인이나 휴대폰을
통한 구매가 계속해서 늘어나고 있다.

간 걸까?

때는 물론이고, 급여나 월급을 전자 송금을 통해 은행 계좌로 직접 받습니다. 우리의 금융 거래는 날이 갈수록 전자화되고 있습니다. 소액 구매를 제외하고는 현금을 잘 사용하지 않게 되었죠. 내 계좌에 들어가 스마트폰으로 직접 결제할 수도 있습니다. 비교적 적은 현금이 필요할 때도 은행의 ATM(현금자동입출금기)에서 현금카드를 사용해 전자적으로 인출할 때가 많습니다.

본질

시중에는 여전히 많은 양의 현금이 있습니다. 소액 위주의 일상적인 거래에는 아직 유용하기 때문이죠. 또한 전자 거래상의 보이지

모든 돈은 믿음에 달려 있다.

애덤 스미스(Adam Smith), 경제학자

오늘날 '존재'하는 모든 돈의 97%는 가상 형태다.

않는 무형화폐보다 '실제' 화폐인 현금을 더욱 신뢰하는 사람들도 있습니다. 그럼에도 현재 대부분의 돈은 '가상'의 형태입니다. 결국 돈은 우리가 그 가치를 신뢰할 때만 가치가 있다는 것을 알 수 있죠.

오늘날 대부분의 돈은 물질 형태로 존재하지 않는다.

온라인상의 돈

지폐와 동전은 커피 구입 같은 소액 결제에 여전히 사용되고 있습니다. 그러나 스마트카드와 스마트폰의 애플리케이션을 사용하는 사람이 늘어나면서 이런 결제에도 현금을 사용하지 않는 추세로 바뀌고 있죠. 머지않아 얼굴이나 지문, 음성 인식 기기로 결제 버튼을 누르거나 명령을 내리는 것도 가능할 것입니다.

암호화폐

컴퓨터 기술의 발전은 비즈니스의 방식을 바꾸었습니다.
우리는 전 세계 판매자에게 온라인으로 물건을 구입할 수
있습니다. 돈은 우리가 실제로 보거나 만지지 않고도
은행 계좌에 입금되고 인출되죠. 그리고 디지털 형태로만
존재하는 통화도 있습니다.

탈중앙화

모든 돈은 날이 갈수록 '전자화'되고 있습니
다. 많은 화폐가 은행 컴퓨터의 메모리에만 존
재하죠. 그러던 어느 날 중앙은행에서 관리하
지 않는 진정한 디지털 통화가 등장했습니다.
디지털 통화는 사용자가 직접 거래하는 P2P
지급 시스템을 사용합니다. 이러한 탈중앙화
화폐는 정부로부터 독립적이며, 중앙기관이
아닌 사용자의 신뢰에 기대죠.

디지털 통화

온라인 거래가 증가하면서 전자 송금이 더욱 보
편화되었습니다. 이러한 '전자화폐'의 개념으로
1990년대에 수많은 전자화폐가 인터넷 기반 거
래 수단으로 탄생했습니다. 이러한 '가상통화' 중
일부는 가상의 커뮤니티에서만 쓸 수 있죠. 그러
나 얼마 지나지 않아 비트코인처럼
현실 세계에서 허용되는 디지털
통화도 생겨났습니다.

2009년에 등장한
비트코인은
최초의 탈중앙화
암호화폐다.

비트코인이 어느 정도 성공을 거둔 것은 **돈**이 무엇보다 **신뢰에 달려 있음**을 보여준다.

아론 그런버그(Arnon Grunberg), 신문 칼럼니스트

암호화

디지털 통화는 금이나 국채로 보장하지 않고 단순히 사용자의 신뢰에 의존하기도 합니다. 이 시스템의 돈은 사용자 간의 네트워크로 형성됩니다. 복잡한 코드가 담긴 정보 보안 형태로 화폐를 암호화하는 것이죠. 최초의 암호화폐는 이미 널리 알려진 비트코인입니다. 그 뒤를 이어 알트코인이라 불리는 여러 암호화폐가 등장했습니다.

단점

기존의 화폐들과 마찬가지로 전자화폐도 단점을 가지고 있습니다. 은행이 지속적으로 컴퓨터 보안을 업데이트해도 범죄가 뒤를 바짝 쫓아오죠. 아무리 정교하다 해도 새로운 디지털 화폐 역시 사이버 범죄 대상입니다. 더 안전하고 편리한 거래를 위해서는 새로운 시스템과 기술이 끊임없이 발전해야 합니다.

| 고전학파 | 마르크스학파 | 신고전학파 | 오스트리아학파 |

애덤 스미스
(1723~1790년)
1776년
《국부론》 출간

카를 마르크스
(1818~1883년)
1848년 《공산당 선언》 출간
1867년, 1885년, 1894년
《자본론》 출간

알프레드 마샬
(1842~1924년)
1890년
《경제학 원리》 출간

프리드리히 하이에크
(1899~1992년)
1944년
《노예의 길》 출간

경제학 이해하기

최초의 문명이 수립된 후부터 사람들은 자원을 관리하고 재화와 서비스를 분배하는 방법을 생각해 왔습니다. 그리고 수 세기 동안 경제의 작용 원리와 가장 적합한 관리 방법에 대해 매우 다양한 해석이 나왔습니다.

> **경제학의 95%는 상식을 어렵게 표현한 것이다.**
>
> 장하준, 대학교수

12-13, 14-15쪽 참고

계몽

우리가 아는 경제학의 개념은 18세기 후반에 등장했습니다. 계몽운동이 일어난 이후 사상가들과 과학자들은 기존의 생각에 도전하기 시작했죠. '경제학의 아버지'라 불리는 애덤 스미스는 경제학에 관한 새로운 사고방식을 정립했습니다. 그는 재화가 생산되고 거래되는 방식을 살펴보았습니다. 이전에는 거래를 주로 '다른 사람의 희생으로 무언가를 얻는 것'의 개념으로 생각했어요. 그러나 스미스는 거래에 참여하는 양쪽 모두 이익을 얻을 수 있다고 주장했죠. 근대 경제학의 기초가 된 이러한 사상을 가진 경제학자들을 통틀어 '고전학파'라 부릅니다.

사람들에게 힘 실어주기

이러한 새 사상이 영국에서 등장한 것은 우연이 아닙니다. 영국은 농업 중심 경제에서 최초의 산업국가로 변모하고 있었고, 사회도 변화를 맞이했습니다. 산업혁명으로 공장과 제분소 주인들은 많은 부를 얻었지만 새로운 산업의 노동자들은 빈곤을 겪었습니다. 카를 마르크스는 이는 부당하며, 부를 공정하게 분배하지 못하는 시장경제의 실패라고 생각했습니다. 그는 공장이나 다른 생산 수단을 주인과 자본가에게서 빼앗아 노동의 직접적인 혜택을 누리도록 근로자에게 통제권을 넘겨주어야 한다고 주장했습니다. 마르크스의 생각은 훗날 여러 공산주의 국가에 채택되었

케인스학파

존 메이너드 케인스
(1883~1946년)
1936년
《고용, 이자 및 화폐에
관한 일반이론》 출간

시카고학파

밀턴 프리드먼
(1912~2006년)
1962년
《자본주의와 자유》 출간

행동주의학파

허버트 사이먼
(1916~2001년)
1997년
《경영 행동》 출간

경제학파는 언제나 많이 존재했다.

← 다양한 의견

지난 2세기 반 동안 경제학이라는 주제에는 매우 다양한 해석이 있었다. 저명한 경제학자들은 새로운 생각을 제시하며 뚜렷한 학파의 사상을 이끌었다.

는데, 많은 경제학자는 이를 반대했습니다. 그들은 자원을 분배하는 시장의 힘을 믿었죠. 19세기 말 알프레드 마샬(Alfred Marshall)과 레옹 발라(Leon Walras)를 비롯한 몇몇 학자들은 고전학파의 이론을 과학과 수학의 원리를 적용해 표현하고 설명하는 신고전경제학을 창시했습니다.

'경제학'은 '가계 관리'를 의미하는 그리스어에서 유래했다.

자유시장

이른바 오스트리아학파는 마르크스의 사상을 강력하게 반대했습니다. 특히 경제학자 프리드리히 하이에크(Friedrich Hayek)는 경제의 번영을 이끌지 못한 공산주의 정부의 실패를 지적했죠. 오스트리아학파는 정부가 너무 많은 통제력으로 개인과 기업의 자유로운 운영을 방해한다고 주장했습니다. 밀턴 프리드먼(Milton Friedman)과 같은 시카고학파의 경제학자들도 규제나 개입이 없는 시장과 자유방임 경제를 주장하는 오스트리아학파의 생각을 지지했습니다.

실패 방지

그러나 1930년대에 일어난 대공황은 시장도 실패할 수

있다는 사실을 보여주었습니다. 20세기의 저명한 경제학자 존 메이너드 케인스(John Maynard Keynes)는 적정한 정부의 개입과 통제가 그러한 실패를 방지할 수 있다고 주장했습니다.

과거에서 배우기

각 경제학파의 사상은 그 시대의 산물이지만 오늘날에도 그 원칙이 적용될 수 있습니다. 경제학자들은 어떠한 이론이 실질적으로 가장 잘 들어맞는지 살펴보고, 이를 수정하고 개선하는 역할을 합니다.

30-31, 66-67쪽 참고 →

경제학은 과학인가?

많은 경제학자가 경제학을 일종의 과학으로 여겼습니다. 그러나 경제학은 물리학과 같은 '자연 과학'이 아닙니다. 돈은 자연 현상이 아니라 정치적 사상의 영향을 받은 인간의 발명품이죠. 경제학은 정확히 떨어지는 과학이 아닙니다. 따라서 그 이론이 옳고 그름을 증명하기가 쉽지 않습니다.

경제학에는 매우 다양한 이론이 존재하지만, 일부는 다른 이론을 직접적으로 반박합니다. 경제 자체가 기술과 비즈니스 방식의 발전으로 계속 변화하기 때문이죠. 그리고 경제학자는 변화하는 세계에 맞는 새로운 이론을 제시합니다.

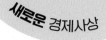

새로운 경제사상

복제의 위협

동전과 지폐는 위조가 쉽다는 단점을 가지고 있습니다. 과거에도 위조자들은 값싼 금속으로 '금화'를 만들고 가짜 지폐를 인쇄해왔습니다. 그러나 지폐와 동전의 위조 비용은 비싸고 별 소득이 없는 경우가 많아 훨씬 더 큰 금액을 얻을 수 있는 은행카드를 복제하기 시작했습니다.

일상에서의
화폐와 경제

경제학자들은 경제의 작동 방식을 기술하고 설명합니다. 그러나 경제학은 그 이론이 옳고 그름을 증명할 수 있는 '자연 과학'이 아닙니다. 어떤 경제학자들은 경제가 어떻게 관리되어야 하는지, 우리의 특정 행동에 따른 결과가 무엇일지 제시하기도 합니다. 그러나 미래는 예측할 수 없으며, 그 예상이 완전히 틀리기도 합니다.

미래 예측

손에 쥔 현금

전자 결제가 가능해도 많은 사람이 현금 사용을 선호합니다. 현금은 눈으로 보고 손에 쥘 수 있기 때문에 믿음이 간다고 이야기하는 사람이 꽤 많죠. 하지만 현금은 분실이나 도난의 위험이 있다는 단점을 가지고 있습니다. 카드나 전자 화폐와 달리 현금은 보호 장치가 없죠.

부유한 국가 사람들은 필수 자원의 지속적인 공급을 당연하게 여기는 경향이 있습니다. 하지만 빈곤국에는 물과 같은 천연 자원이 매우 부족합니다. 자원이 충분해도 고르게 분배되지 않는 경우도 있죠. 석유 같은 일부 자원은 언젠가는 고갈될 것입니다. 따라서 이러한 자원의 관리 방법을 제안하는 것이 바로 경제학자의 임무입니다.

유한 자원

경제학은 20세기 들어 두 분야, 즉 미시경제학과 거시경제학으로 나뉘었습니다. 일부 경제학자들은 개인과 기업의 행동에 주목하는 미시경제학에, 일부 경제학자들은 나라와 세계 전체의 경제학을 연구하는 거시경제학에 몰두했습니다.

미시경제학과 거시경제학

돈과 시장이 작동하는 방식은 우리의 일상에 많은 영향을 미칩니다. 은행 계좌를 사용하거나 가게에서 물건을 살 때마다 그렇죠. 기술의 발전은 우리가 돈을 사용하는 방식을 바꾸고 있어요. 그러나 지폐와 동전을 가지고 다니든, 온라인으로 처리하든 원칙은 동일합니다.

통화의 단일화

단일 세계 통화에 대한 아이디어는 오랫동안 존재했습니다. 그러나 각 국가가 자체 정부를 가지고 있는 한, 불가능해 보입니다. 가장 비슷한 개념이 현지 통화와 함께 일부 국가에서 허용되는 미국 달러나 비트코인과 같은 새로운 가상화폐입니다.

해킹과 사이버보안

오늘날 시내 중심가에 있는 은행은 대부분 현금을 많이 보유하고 있지 않습니다. 따라서 머리가 돌아가는 은행 강도라면 자루와 엽총을 가지고 은행으로 뛰어들지 않을 것입니다. 대신 그들은 컴퓨터로 은행 계좌를 해킹해 전자적으로 돈을 옮깁니다. 이것이 바로 오늘날 은행이 사이버 보안을 최우선으로 여기는 이유죠.

무엇이
가치 있는가?
자원과 비즈니스

경제적 문제

누가 무엇을 얻는가?

재화와 서비스

수요와 공급

더 가치 있는 것은 무엇인가?

산업의 중심지

건강한 경쟁이란?

누가 주인인가?

기업은 어떻게 운영할까?

효율적인 비즈니스 운영

일하러 가기

통 큰 소비자들

우리가 사용하는 재화는 농업이나 제조업 같은 비즈니스가 제공합니다. 그리고 시장을 통해 팔리죠. 상품의 가치, 즉 우리가 내는 가격은 그 자원이 얼마나 풍족한지, 부족한지에 달려 있습니다. 재화의 수요는 어느 정도인지, 공급이 이 수요를 충족하는지도 영향을 미치죠.

경제적 문제

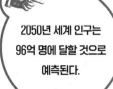

2050년 세계 인구는 96억 명에 달할 것으로 예측된다.

경제학이 모두 돈에 관한 것은 아닙니다. 물론 돈은 중요한 주제이지만, 경제학은 자원을 관리하는 방식과 모두의 필요, 욕구 충족을 위해 가능한 자원을 사용하는 방법을 다룹니다. 이를 간단히 줄여 '경제적 문제'라고 부르기도 하죠.

필요와 욕구

인간의 필요와 욕구는 계속해서 변하고, 끝이 없는 듯합니다. 하지만 이러한 수요를 충족시켜줄 자원은 한정적이죠. 경제학자는 이러한 상황을 '희소성'이라는 단어로 설명합니다. 우리는 무언가가 필요한 것보다 적게 있을 때 "희소성이 있다"라고 말하죠. 원하는 것이 무엇이든 무한대로 주어진다면 우리의 끝없는 욕구도 원활히 충족될 거예요.

그러나 현실적으로는 자원이 부족합니다. 가난한 나라뿐 아니라 부유한 나라에서도 충분하지 않죠. 경제학자가 필수로 꼽는 자원은 매우 다양합니다. 가장 필수적인 자원은 자연환경에서 직접 얻는 물과 같은 천연자원입니다. 우리가 식용으로 사용할 수 있는 자연 속 식물이나 야생에 사는 동물도 천연자원입니다.

> 지구는 모든 이에게 필요한 것을 충분히 제공하지만, 모든 사람의 욕심을 채울 순 없다.
>
> 마하트마 간디(Mahatma Gandhi), 정치인

재난

자원은 전 세계에 고르게 분포되어 있지 않습니다. 음식과 물이 충분한 곳이 있는 반면, 사람이 겨우 목숨을 부지할 정도만 있는 지역도 있죠. 석유와 같은 다른 자원이 없다면 그 지역의 경제는 매우 위태롭고, 가뭄과 흉작, 질병 같은 재난에 취약할 것입니다.

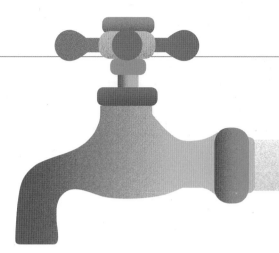

유한한 자원과 무한한 필요, 욕구의 균형

경제 문제를 해결한다는 것은 무엇을, 어떤 최고의 방법으로, 누구를 위해 생산해야 하는지와 같은 질문에 대한 답을 찾는 것이다.

땅은 용도가 매우 다양합니다. 농사를 지어 농작물을 생산하고 석탄과 같은 자원을 채굴할 수 있죠. 이러한 '토지자원'에는 바다에서 얻는 자원도 포함됩니다.

자원은 이렇게 필요한 재화를 만드는 데 쓰이는 원재료를 제공합니다. 그러나 세상의 땅은 유한하고 무한대로 자원을 제공할 수 없습니다. 식량을 계속 재배하고 태양이나 풍력 같은 재생에너지원을 사용하는 것은 가능하겠지만 다른 자원은 결국 고갈될 거예요.

물건 만들기

어떠한 자원은 자연에서 얻지 않습니다. 원자재를 이용해 만들어내죠. 이렇게 인간이 직접 만드는 데 사용하는 자원을 '자본재'라 부릅니다. 재화의 생산과 유통에 필요한 공장 건물과 기계, 철도와 같은 운송 기구가 이에 해당해요. 물건을 만들기 위해서는 또 다른 자원이 필요합니다. 노동력이 바로 그것이죠. 노동자로 이루어진 인적자원은 재화와 서비스를 생산하는 데 필수적입니다. 인적자원은 신체 노동뿐 아니라 사람의 기술과 지식, 정보도 아우릅니다.

참고 32-33, 38-39쪽

자원 관리

각 사회는 자원의 일부나 전부를 사용할 수 있습니다. 그러나 인구는 계속 늘어나고 사람들의 필요와 욕구는 빠르게 변하죠. 한정된 자원으로 수요를 맞추는 해결책을 찾기 위해 선택과 결정을 내려야 합니다. 그리고 세 가지 근본적 질문에 대한 답을 구해야 해요. 첫째, 어떤 재화와 서비스를 생산해야 할까요? 우리는 많은 자원을 사용해 다양한 것을 만들 수 있습니다. 예를 들어 땅은 필수 식량 작물이나 와인을 만들기 위한 포도를 재배하는 데 사용될 수 있고, 큰 건물은 병원이나 고급 호텔로 쓰일 수 있죠. 둘째, 어떻게 하면 재화와 서비스를 가장 잘 생산할 수 있을까요? 어떤 나라는 천연자원은 거의 없지만 인구가 많아 노동자원이 막강합니다. 자국이 가장 효율적으로 생산할 수 있는 재화와 서비스에 집중하면 다른 필수품을 수입할 돈을 벌 수 있죠. 셋째, 누구를 위해 재화와 서비스를 생산할까요? 모두의 욕구와 필요에 맞는 전부를 생산할 수는 없으므로 각 사회는 자원의 혜택을 누릴 대상과 구성원 간에 재화와 서비스를 분배하는 방식을 찾아야 합니다.

누가 **무엇을** 얻는가?

우리는 사람들이 원하고 필요로 하는 것을 생산해야 합니다. 그런데 어떤 방식으로 자원을 배분해야 할까요? 그리고 우리가 생산한 재화와 서비스가 필요한 사람에게 분배되도록 하려면 어떻게 해야 할까요?

> **충분히 나눠 갖고 즐겁게 노동하며 부도 얻는 그런 날이 올지도 모른다.**
>
> 존 메이너드 케인스(John Maynard Keynes), 경제학자

누가 결정하는가?

토지와 노동력 같은 자원은 한정되어 있습니다. 이러한 자원은 여러 생산 용도에 쓰이므로 우리는 욕구와 필요에 맞게 자원을 가장 잘 사용할 방법을 결정해야 합니다. 자원의 배분뿐 아니라 생산품을 누가 가질지, 재화와 서비스를 어떻게 분배할지도 결정해야 하죠. 자원을 우리의 필요와 욕구에 맞추는 '경제적 문제'의 해결책은 모든 사회의 웰빙을 위해서도 중요합니다. 정부는 국민의 복지를 보장할 책임이 있습니다. 그렇다면 정부가 자원의 배분 방법을 결정해야 할까요?

> 2007년 영국 은행은 애덤 스미스의 초상화가 실린 20파운드 지폐를 발행했다.

애덤 스미스의 해결책

18세기 스코틀랜드의 경제학자 애덤 스미스는 사회 전체에 이익이 되어야 하는 이러한 결정은 개인이 자신의 이익을 위해 행동할 때 가장 좋게 내려진다고 주장했습니다. 비논리적으로 보이지만, 그는 재화와 서비스를 사고파는 방식이 자원의 배분 방법을 결정한다고 설명했죠. 고객과 상인은 시장에서 물건을 사고팔 때 사회 전체의 이득을 생각하지 않습니다. 자신에게 좋은지만 생각하죠. 고객은 자기의 이익을 충족하기 위해 필요하거나 원하는 것을 삽니다. 공급자는 공공정신이 아닌 이익 추구를 위해 제품을 판매하죠. 그들은 자신의 상품을 원하는 고객이 있어야만 팔 수 있으므로 시장 수요가 있는 상품만 만듭니다.

이렇게 재화와 고객의 필요, 욕구가 짝지어지는 개별 거래들로 구성된 것이 바로 시장입니다. 스미스는 시장의 역할을 '보이지 않는 손'에 비유했어요. 이 보이지 않는 손이 자원을 가장 효율적으로 배분하고 재화와 서비스를 공정하게 분배하도록 이끈다는 것이죠. 고객이든 공급자든 각 개인은 자기 이익에 따라 어떤 것을 사고팔지 합리적인 결정을 내립니다. 이러한 행동을 집합적으로 보면 사회 전체에도 이익이죠. 완벽한 시장에서는 공급과 수요가 균형을 이루고, 재화의 분배도 가장 최선의 방법으로 일어납니다. 게다가 완벽한 시장에서

애덤 스미스(Adam Smith, 1723~1790년)

스코틀랜드에서 태어난 애덤 스미스는 '현대 경제학'의 아버지라 불립니다. 글래스고대학교에서 철학을 가르쳤고, 철학자 데이비드 흄(David Hume)을 비롯한 사상가 그룹의 일원이었죠. 1760년대에 프랑스로 여행을 간 뒤 《국부론》을 집필하기 시작했으며, 1776년에 완성했습니다.

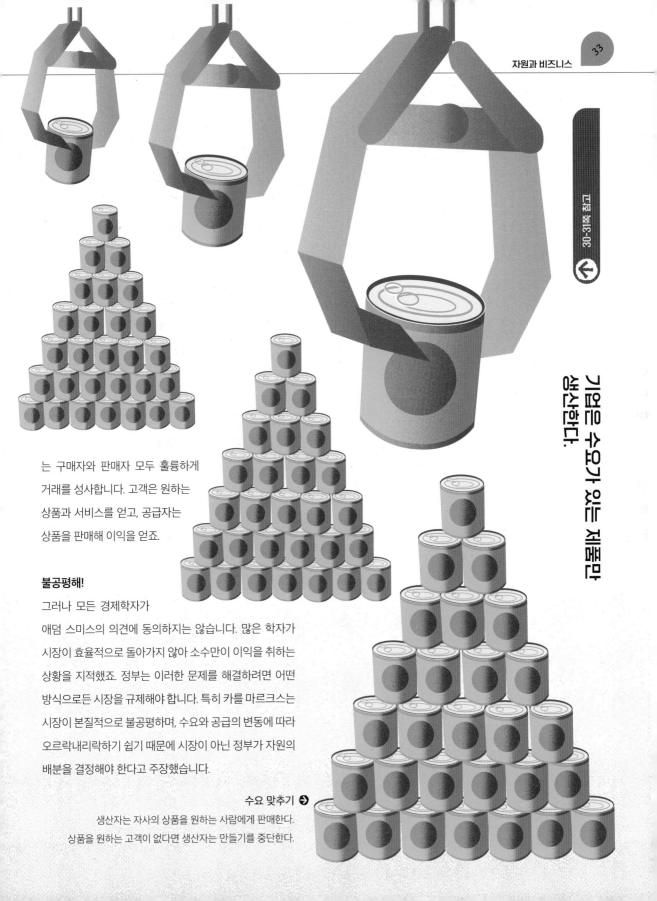

30-31쪽 참고

기업은 수요가 있는 제품만 생산한다.

는 구매자와 판매자 모두 훌륭하게 거래를 성사합니다. 고객은 원하는 상품과 서비스를 얻고, 공급자는 상품을 판매해 이익을 얻죠.

불공평해!

그러나 모든 경제학자가 애덤 스미스의 의견에 동의하지는 않습니다. 많은 학자가 시장이 효율적으로 돌아가지 않아 소수만이 이익을 취하는 상황을 지적했죠. 정부는 이러한 문제를 해결하려면 어떤 방식으로든 시장을 규제해야 합니다. 특히 카를 마르크스는 시장이 본질적으로 불공평하며, 수요와 공급의 변동에 따라 오르락내리락하기 쉽기 때문에 시장이 아닌 정부가 자원의 배분을 결정해야 한다고 주장했습니다.

수요 맞추기 ➡
생산자는 자사의 상품을 원하는 사람에게 판매한다.
상품을 원하는 고객이 없다면 생산자는 만들기를 중단한다.

윤리적 거래

많은 사람이 거래는 자유롭고 윤리적이어야 한다고 생각합니다. 윤리적 거래란, 기업이 무조건 가격만 우선해 상품을 팔지 않는 것을 의미합니다. 기업은 직원의 근로 조건이나 환경에 미치는 영향 같은 비즈니스의 결과도 고려해야 합니다.

현재 5분의 1 이상의 커피가 공정무역 제품이며, 영국 소비자의 약 3분의 2는 공정무역 바나나를 구입한다.

입장 취하기

선진국의 소비자들은 불매운동을 통해 기업이 올바른 일을 하도록 압박할 수 있습니다. 2013년 방글라데시의 라나 플라자 의류 공장이 무너져 1,100명이 넘는 사람이 사망했습니다. 그 공장에 하청을 준 의류업체인 프라이마크와 베네통은 많은 항의를 받았죠. 그 이후 의류 소매업체는 옷감이 제조되는 공장의 안전을 보장하고, 제품의 생산지를 상세히 공개해야 한다는 의견이 강해졌습니다.

윤리적 구매

윤리적 소비주의란, 의식적인 상품 선택을 통해 기업이 올바른 행동을 하도록 소비자가 압력을 가하는 것을 의미합니다. 이에 기업은 '지속 가능한 재료'나 '자유 방목'으로 만든 제품을 제공하며 기대에 부응합니다. 고객들은 은행을 선택할 때도 무기 거래나 오염 산업에 투자하는 곳을 피할 수 있습니다. 윤리적 은행은 투자나 대출을 결정할 때 환경과 사회에 미치는 영향을 고려하죠.

↥ **좋은 균형**
윤리적 거래란, 기업이 환경과 근로자에게 미치는 영향과 이익 창출의 필요성을 균형 있게 맞추는 것을 의미한다.

농부들은 **공정무역**으로 최저 가격을
보장받아 수확물을 **공정한 가격**에 팔고
농작물 재배에 **투자**할 수 있다.

넬 뉴먼(Nell Newman), 환경운동가

공정무역

공정무역운동은 1990년대에 시작되었습니다.
가난한 나라의 커피나 바나나 생산자들이 낮은
시장가로 손해를 보는 것을 막기 위해 생겨났죠.
공정무역 단체는 공급업체에 공정한 가격을 보장하고,
공급업체는 그 대가로 근로자에게 정당한 급여와
고용을 제공합니다. 소비자는 공정무역 인증을 받은
제품을 구입하며 이를 지지하죠. 이 시스템은
가격이 낮을 때는 괜찮지만 가격이
올라가면 공급업체가
손해를 봅니다.

착취 노동자

기업은 경쟁력을 위해 비용을 줄이고, 제품을 만드는
근로자의 업무 조건을 외면하기도 합니다. 최근 들어
선진국의 소비자들은 매장에서 매우 저렴하게 구매하는
의류나 전자제품 같은 물건들이 어떻게 만들어지는지
인지하기 시작했습니다. 저개발국의 안전하지 않은
공장과 착취 작업장에서 아이들의 손이나 노예 노동으로
만들어지는 것을 알게 되었죠. 이에 기업들은 생산
절차를 바꾸고 좀 더 투명하게 과정을 진행하라는
압력을 받기 시작했습니다.

재화와 서비스

경제학에서는 사고 팔리는 것을 가리켜 '재화'라고 합니다. 재화에는 원재료인 음식과 컴퓨터와 같은 제조품이 해당합니다. 직접 만지거나 볼 수 없는 무형의 재화도 있습니다. 이러한 재화는 사람이 돈을 받은 대가로 제공하는 행위로 '서비스'라고도 부릅니다.

미국 노동 인구의 약 80%가 서비스업에 종사하며, GDP의 약 80%를 기여한다.

욕망의 대상

재화는 사람들이 필요로 하거나 원하는 것, 유용하게 쓰이거나 갖고 싶다고 생각하는 것입니다. 무엇보다 돈을 주고 구입할 만큼 가치가 있다고 판단하는 것을 말합니다. 이러한 재화를 사고 싶은 이가 있기에 그 상품을 공급해 생계를 꾸리는 사람도 존재하는 것입니다. 수요 쪽에 있는 고객과 달리 시장의 공급 쪽에는 다양한 종류의 제품을 생산하는 여러 비즈니스가 존재합니다. 예를 들어 농부는 땅에서 키운 가축과 농작물 같은 농업 재화를 공급합니다. 땅을 사용해 필수품을 제공하는 다른 사업도 있습니다. 광산회사는 땅에

세계 인구의 약 5%가 세계 재화의 약 29%를 생산한다.

스티븐 코비(Stephen Covey), 기업가이자 컨설턴트

서 금속과 기타 광물을 만드는 데 필요한 원재료를 캐죠. 에너지원으로 사용되는 석탄을 채굴하거나 석유와 가스를 추

기업은 재화와 서비스를 제공한다.

재화

생산과 제공 ➡

사람들은 경제의 다양한 부문에서 일하며 원재료를 공급하거나 제조품을 생산하거나 서비스를 제공한다.

출하는 회사도 있습니다.

제조품

음식을 제외하고 우리가 구매하는 대부분의 물건은 제조품입니다. 즉, 원재료를 가지고 공장에서 생산하거나 기술자가 만든 것이죠. 제조업은 광범위한 종류의 자본재(아래 박스 설명 참고)와 소비재를 생산합니다. 의류를 포함한 필수품부터 가구 같은 가정용품, 세탁기와 오븐 같은 전자제품, 자동차까지 다양하죠. 우리가 구매하는 거의 모든 재화는 일정 방식으로 제조되었습니다. 특정 제품을 대량 생산하는 큰 공장에서든, 수작업으로 명품을 만드는 작은 공방에서든 말이죠. 그리고 우리는 제조품뿐 아니라 그런 물건을 두고 거주할 집이 필요합니다. 건물 역시 일종의 재화로, 건설업계가 만들어요. 건설 산업은 주택뿐 아니라 공장, 사무실, 호텔, 기차역, 상점과 같은 상업용 건물도 제공합니다.

서비스 산업

농업과 광업 같은 산업은 원재료를 제공하고, 제조와 건설 산업은 유형의 제품을 생산합니다. 그리고 실질적인 제품을 생산하지 않는 3차 산업이 있습니다. 이 산업은 구매자가 실제로 소유하고 지니는 제품 대신 서비스를 제공합니다. 어떤 서비스는 실물 상품과 밀접한 관련이 있기도 합니다. 예를 들어 운송회사는 농부나 공장에서 상품을 수거해 고객에게 전달하죠. 또한 제조업자에게 물건을 구입해 자신의 매장에서 일반인에게 판매하는 소매업의 형태도 매우 다양합니다. 이외에도 서비스 업계는 미용이나 택시 운전 같은 단순 서비스를 비롯해 의료나 교육 같은 필수 서비스, 자동차 정비나 건물 관리 같은 수리 서비스를 제공합니다. 또한 우리는 대중교통과 통신, 은행, 보험 같은 서비스를 매일 사용하죠. 호텔, 공연장, 영화관처럼 자주 사용하지는 않지만, 여가생활로 종종 만끽하는 서비스도 있습니다.

서비스 직업

오늘날에는 많은 사람이 서비스 부문에서 일하고 있습니다. 부유국일수록 더욱 그렇죠. 이는 오래된 농업과 제조업의 산업화로 적은 인력이 전보다 많은 상품을 생산하며 효율성이 높아진 덕분입니다. 또한 이제 돈과 여가 시간이 더욱 많이 생겨 우리의 욕구가 달라진 것도 영향을 미쳤습니다.

자본재

우리가 가장 주목하는 재화는 소비재, 즉 상점에서 판매되는 제품입니다. 그러나 기계와 건물, 운송 같은 자본재도 재화라 할 수 있습니다. 자본재는 산업을 위해 생산되고, 소비재를 만들고, 서비스를 창출하는 데 사용됩니다.

수요와 공급

소비자와 생산자는 재화를 사고팔기 위해 시장에 모입니다.
그리고 거래를 통해 수요(구매자가 원하는 재화의 양)와
공급(판매자가 제공하는 재화의 양)을 맞추죠.
이러한 수요와 공급은 재화의 가격에 영향을 미칩니다.

> **생산량이 많을수록 구매자가
> 사는 가격이 낮아진다.**
>
> 알프레드 마샬(Alfred Marshall), 경제학자

거래의 성사

전통적인 길거리 시장에서 재화의 가격은 완전히 고정되어 있지 않습니다. 상인들은 손님과의 흥정으로 양쪽 모두 동의하는 가격을 협상할 것이라고 생각합니다. 구매자는 자신이 그 재화를 얼마나 원하고 필요로 하는지, 얼마를 낼 용의가 있는지 생각하고, 판매자는 손해를 보지 않고 팔려면 얼마까지 가격을 낮출 수 있는지 생각하죠. 구매자와 판매자는 대화를 나누며 거래가 성사될 가격을 결정합니다. 이때 이러한 상호작용에 영향을 미치는 것은 재화의 양과 물건을 원하는 고객의 수, 즉 공급과 수요입니다. 판매가 일어나려면 상품 공급자와 구매자 모두 한 명 이상 존재해야 합니다. 그래야 구매자는 상점을 둘러

**가격: 구매자가
재화를 사는 금액
비용: 판매자가 시장에
재화를 내놓기 위해
든 금액**

보고 가격을 비교해 좋은 거래를 협상할 수 있죠. 가장 낮은 가격을 제시하기 위해 경쟁하는 판매자는 공급이 부족한 상품을 찾는 구매자의 수요가 높을 때 이익을 얻습니다.

적절한 시기

상품의 가격은 수요, 그리고 공급과 밀접한 관련이 있습니다. 예를 들어, 농부는 밀을 생산해 밀가루를 만들 제분소에 판매합니다. 추수 시기에는 밀이 넘쳐나 농부는 제분소가 필요한 것보다 더 많은 밀을 보유하죠. 공급이 수요보다 많아 잉여가 발생하므로 공급자는 밀을 더 많이 팔기 위해 가격을 낮춥니다. 겨울에도 밀가루의 수요는 비슷하지만, 농부는 제분소가 필요한 만큼의 밀을 가지고 있지 않습니다. 이제 제분소는 밀값을 더 낼 의향이 있고, 가격은 점점 올라갑니다. 모든 상품과 서비스도 마찬가지예요. 수요는 동일

30-31, 32-33쪽 참고

재화가 부족할 때는 구매자의 경쟁으로 가격이 올라간다.

재화가 남아돌 때는 구매자를 끌어당기기 위해 가격이 내려간다.

가격의 영향

반대로 가격이 수요와 공급에 영향을 미치기도 합니다.
잉여 상품이 있으면 가격은 내려가지만 낮은 가격은 구매자를
끌어당겨 수요의 증가를 이끕니다. 높은 가격은 구매자를 망설이
게 하지만 공급을 증가하게 만들죠. 수요와 공급, 가격의 오르내림은 경쟁시장에서
잉여와 부족을 메우며 계속해서 일어납니다. 수요와 공급이 언제나 조화와 균형을
이루는 완벽한 시장에서는 가격도 변동이 없을 거예요.

수요의 창출

생산자는 항상 수요가 있는 상품만 공급하지 않습니다. 특히 신제품을 출시하면 수요
를 창출하려 더욱 노력하죠. 광고를 통해 사람들이 미처 필요하거나 원하는지 몰랐던
제품을 구매하도록 설득할 수 있길 바라면서요. 가격을 많이 낮춰 제품을 판매할 때는
더욱 그럴 거예요.

한데 공급이 증가하면 남는 제품이 생기고 가
격은 내려갑니다. 반면 수요는 동일한데 공급
이 줄면 물건이 부족해져 가격은 높아지겠죠.
공급이 일정한 상품의 경우에는 수요의 변화
가 가격에 영향을 미칩니다. 수요가 감소하면
잉여가 발생해 가격이 낮아지고, 수요가 늘면
물건이 부족해 가격이 오릅니다.

더 가치 있는 것은 무엇인가?

만약 물이 귀하고, 다이아몬드가 수도꼭지에서 쏟아져 나온다면…

시장에서 판매하는 재화의 가격은 수요와 공급에 의해 결정됩니다. 그러나 우리가 진짜 가치 있다고 여기는 것, 즉 무언가의 가치는 다른 요소도 작용합니다. 그리고 이 가치는 우리의 결정에 영향을 미치죠.

희소가치

재화의 공급이 넘쳐나면 부족할 때보다 가격이 낮아집니다. 어디서나 쉽게 구할 수 있으면 당연하게 여기고 별 가치를 두지 않게 되죠. 우리가 마시는 공기처럼 '자유재'로 불리는 재화도 있습니다. 자유재란, 언제나 마음껏 쓸 수 있는 재화를 의미해요. 반면 금이나 다이아몬드 같은 재화는 매우 귀해 큰돈을 내고 구입해야 합니다. 이러한 희소품은 공급이 수요보다 훨씬 적기 때문에 '희소가치'가 있다고 봅니다. 따라서 적게 있을수록 가치는 더욱 높아지고, 많이 있을수록 가치는 더욱 낮아지죠.

기펜재

경제학자 로버트 기펜(Robert Giffen)에 따르면 어떤 재화는 수요와 공급의 법칙을 따르지 않습니다. 그는 이러한 '기펜재'의 수요는 가격이 올라갈수록 증가한다고 주장했습니다. 예를 들어, 돈이 적은 사람들은 물가가 오르면 빵을 더 많이 구입합니다. 그러한 시점에는 더 비싼 다른 음식을 살 여유가 없기 때문이죠.

가치의 역설

어느 날 조약돌이 깔린 강둑을 따라 걷다가 돌들 사이에서 반짝이는 다이아몬드를 발견했다면 어떻게 할 건가요? 빠르게 집어 집으로 가지고 가겠죠. 많은 사람이 다이아몬드는 다른 어떤 돌보다, 강물보다 귀하다고 생각할 것입니다. 그러나 이러한 가치 개념은 어떤 면에서는 비논리적으로 보입니다. 물은 우리가 살아가는 데 필수적이지만 당장의 실용성이 떨어지는 다이아몬드보다 귀하게 평가받지 못하죠. 이러한 '가치의 역설'의 원인은 다이아몬드는 희소가치가 있지만 물은 그렇지 않다는 데에 있습니다. 물은 자유롭게 쓸 수 있고 풍부하게 공급되니까요.

무슨 용도인가?

우리는 물과 다이아몬드라는 두 재화에서 각기 다른 기쁨과 만족을 얻습니다. 재화를 소유하고 사용하며 얻는 만족을 '효용'이라고 하며, 이는 재화의 소비량에 따라 달라집니다. 목이 말라 물을 마신다고 가정해봅시다. 처음

모든 **원자재**는 **인간**의 **노동**으로 가치가 생겨난다.

카를 마르크스

물을 마실 때는 매우 만족스럽지만 마실수록 점점 그 느낌이 줄어듭니다. 마찬가지로 다이아몬드를 처음 발견했을 때는 감격스럽지만 다음에는 다이아몬드를 찾는 데 시간과 노력이 들기 때문에 그렇게 기쁘지 않을 것입니다. 무언가가 더 많아질수록 한계효용, 즉 재화를 사용할 때마다 얻는 만족감은 점점 더 감소하죠. 경제학에서는 물이 더해질 때의 한계효용은 매우 낮지만, 다이아몬드가 더해질 때의 한계효용은 매우 높다고 평가합니다.

기회와 시간

어떤 것의 가치를 평가하는 방법은 그에 따른 대가로 달리 설명할 수 있습니다. 이 대가는 물건에 붙는 가격이 아니라 그것을 갖기 위해 우리가 포기해야만 하는 것을 뜻해요. 새 자전거를 살지, 그 돈으로 운전 연수를 받을지 선택해야 한다고 해볼까요? 운전 연수를 택하면 새 자전거를 탈 기회는 포기해야 하지만, 오랫동안 사용할 운전 기술을 배울 수 있습니다. 우리가 포기하는 이 '기회비용'은 당신이 선택한 것의 가치를 말해줍니다.

일부 경제학자는 상품과 서비스의 가치를 다른 방식으로 설명합니다. 그들은 이러한 물건의 진정한 가치는 그것을 생산하는 데 들어간 노동력이 결정한다고 주장합니다. 자동차와 컴퓨터 같은 제조품의 가치는 그것을 만드는 데 참여한 사람의 수와 그들이 투입한 노동량에 의해 결정된다고 본 것

세계에서 가장 큰 다이아몬드는 골든 주빌리 다이아몬드로, 무게는 545.67캐럿(109.13g)이고, 가치는 400만~1,200만 달러에 달한다.

⋯우리는 다이아몬드보다 물의 가치를 더 높이 살 것이다.

◀ **가치의 역설**
다이아몬드처럼 실용성이 적은 물건이 물과 같은 필수품보다 더 높게 평가된다.

이죠. 이를 '노동가치설'이라 부릅니다. 이는 애덤 스미스를 비롯한 고전학파 경제학자들이 처음 주장했습니다. 노동가치설은 마르크스경제학에서도 매우 중요한 개념입니다. 노동 이론에 따르면 같은 노동력과 시간을 들여 생산한 두 종류의 다른 재화는 같은 비용으로 계산되어야 합니다. 물건의 구입비가 구매자가 예상한 생산 시간보다 많다면 구매자는 그 물건을 직접 만들려고 할 것입니다.

산업의 중심지

14-15, 36-37쪽 참고

'산업'이라는 단어는 기계 소리가 나는 공장을 연상케 합니다. 이러한 중공업은 사회와 경제가 격변을 이루던 18세기에 등장했습니다. 오늘날 기술의 발전은 우리가 재화와 서비스를 생산하는 방식을 다시금 바꾸고 있죠.

임금을 위한 노동

산업 기계가 등장하기 전에는 대부분의 사람이 소수의 왕족이나 귀족이 소유한 땅에서 일했습니다. 소작농은 식량과 옷감, 장작을 제공하기 위해 농작물을 재배하고 가축을 키웠죠. 농업과 금속, 광물을 채굴하는 광업은 경제의 기반을 세웠습니다. 하지만 기계화의 도래로 상황은 완전히 바뀌었습니다. 제재소에서는 밀가루나 천 같은 재화를 큰 단위로 생산했고, 각종 제조품을 대량 생산할 수 있는 공장도 등장했죠. 제재소와 공장은 일자리를 제공했고, 많은 노동자가 농작보다 돈을 많이 벌 것이라는 전망에 매료되었습니다. 그리고 그들이 시골에서 일자리가 있는 곳으로 이동하면서 큰 산업 도시가 발전했습니다.

> **지금까지 만들어진 모든 기계 발명품이 인간의 노고를 덜어주었는지는 의문이다.**
>
> 존 스튜어트 밀(John Stuart Mill), 경제학자

성장과 번영

경제 시스템에도 변화가 생겼습니다. 토지 소유주를 위해 농작물을 재배하고 그중 일부를 받던 노동자들은 공장과 제재소의 주인에게 임금을 받게 되었습니다. 그 주인들은 건물과 기계 같은 생산 수단을 소유한 새로운 기업가 계층이었죠. 이러한 건물이나 기계는 자본재로 인식되었고, 그 주인들은 '자본가'라 불렸습니다. 그리고 이 새로운 시스템을 '자본주

산업혁명

18세기 영국에서는 과학적 발전이 빠르게 일어났고, 증기기관과 같은 기계가 생겨나면서 상품의 생산 방식도 혁명적인 변화를 맞이했습니다. 제재소와 공장은 기계화되었고, 철도 운송이 도입되었습니다. 새로운 산업의 탄생으로 사회의 경제 구조에도 급격한 변화가 일어났습니다.

산업화는 자본주의를 이끌고 경제 성장을 가져왔다.

← **경제를 이끄는 산업**
재화와 서비스는 농업에서 온라인 비즈니스까지
다양한 범위의 산업에서 생산되고 있다.
이러한 산업은 경제 성장과 번영에 필수다.

컴퓨터와 정보 기술은 은행업과 같은 많은 서비스 산업에
혁명을 일으켰고, 인터넷의 출현으로 소셜미디어 사이트
와 온라인 트레이딩 같은 새로운 산업이 등장했죠. 일부 부
유국에서는 서비스 산업이 전통적인 제조업과 농업을 대
체하는 추세여서 "이제 탈산업화 시대에 접어들었다"라고
말하기도 합니다. 재화는 만들지 않아도 수입할 수 있지만
서비스 산업이 중심인 사회에도 집과 식량, 제조품
등이 필요합니다. 기술적으로 매우 발전한
나라들도 농업과 제조, 건설 같은 전통적
인 산업을 계속 유지합니다. 수출하진 않
더라도 자체적으로 사용하기 위해서죠.

48-49, 56-57쪽 참고

의'라고 칭하게 되었습니다.
새로운 제조업과 그에 따른 자본주의 시스
템은 영국에서 유럽과 미국 전역으로 퍼
져나갔습니다. 기계화로 인해 재화는 더
욱 저렴하게 훨씬 큰 규모로 생산되었고,
자본주의 계층은 부를 얻었죠. 산업혁명 이
후 산업의 효율성은 계속 높아졌고, 그 결과, 사회
는 더욱 부유해졌습니다. 이때 제조업만 혜택을 본 것은 아
닙니다. 농업과 광업, 건설업도 점점 더 많은 기계를 도입해
비용을 절감하고 생산량을 늘렸습니다. 또한 이러한 산업의
원활한 운영을 위해 건설과 보수 같은 서비스와 은행과 보
험 같은 금융 서비스가 필요해졌어요. 그리고 사회가 부유
해지자 많은 사람이 사치품으로 여겼던 재화와 이전에는 자
급자족했던 서비스에 돈을 쓸 수 있게 되었습니다.

> 전 세계 노동력의
> 약 **40%**는 여전히
> 농업에 종사한다.

미래에는?
20세기 후반 전자 기술은 더욱 많은 변화를 가져왔습니다.

농업 및 숙련된 공예품

제조업

컴퓨터와 정보 기술

상장기업

규모가 큰 기업은 대부분 상장기업입니다. 상장기업은
소유권을 동등한 지분으로 나누어 비즈니스 성장에 필요한
자금을 마련하죠. 지분을 산 사람은 회사의 주주가 됩니다.
상장기업의 주인은 주주이며, 그들은 자신을 위해 회사를
운영할 이사회를 선출합니다.

유한책임

상장기업이 파산해 막대한 부채가 쌓이면 주주는
자신이 출자한 투자 금액만큼만 책임을 집니다.
기업만이 부채의 책임을 갖는 것이죠.
'유한책임'이라고 부르는 이 제도는 대부분의
국가에서 표준으로 사용됩니다. 회사의 모든
부채를 책임져야 한다면 투자자들은 엄청난 재정적
부담 때문에 발을 빼려 할 거예요.

> 기업의 이사회가 자기
> 돈을 지키는 경계
> 태세로 남의 돈을 관리할
> 것이라 기대할 수 없다.
>
> 애덤 스미스

주주

모든 주주는 투자의 대가로 회사 이익에 따라
달라지는 연간 지급액이나 배당금을 받습니다.
또한 회사 운영 방식에 대한 발언권을 갖죠.
이사회가 회사의 운영을 이끄는 동안 주주는
기업이 안정적으로 성장할 수 있도록
영향력을 발휘할 수 있습니다. 오늘날 급변하는
시장에는 주주의 제약을 받지 않는
비공개기업이 적합한 면이 있어 상장기업은
점점 줄어들고 있는 추세입니다.

← 조각 케이크

기업은 돈을 모으기 위해 회사 지분의 일부를 판매한다.
그리고 그 조각을 사는 사람들은 회사의 운영 방식에
영향을 미칠 수 있는 주주가 된다.

파산

회사가 부채를 상환하지 못하면 법원은 파산을
선언할 수 있습니다. 이는 처벌이라기보다 법원이
재정적 혼란 상태를 정리할 방법을 정하고 어떤
자금을 회수해 채권자에게 줄 수 있는지 판단하기
위해서입니다. 파산한 회사가 가혹한 처벌을
받으면 투자자들은 향후 투자를 주저할 거예요.
그러나 채무자가 너무 쉽게 벌을 면하면
채권자는 거래를 하지 않으려 할 수 있죠.

1997년부터 2012년까지
미국 증권거래소에서 거래된
상장 기업의 수는
절반 수준으로 감소했다.

자본 조달

기업은 성장에 도움을 줄 자본을 크게 조달하기
위해 '상장'을 합니다. 주주는 주식(회사 자산의 몫이나
지분)을 매입하거나 채권(기업에 직접 빌려주는 돈)을
구매해 투자합니다. 주식시장과 채권은 모두 완전히
독립적으로 주식시장과 채권시장에서
사고팔 수 있습니다. 따라서 기업
자체가 거래 가능한 상품이
된다고 볼 수 있죠.

건강한 **경쟁**이란?

거래자 간의 경쟁은 자유시장의 핵심입니다. 경쟁시장은 판매자가
상품 판매를 위해 가격을 낮추도록 해 소비자에게는 이익이죠.
결과적으로 이는 생산자가 더욱 효율적으로 일하도록 만듭니다.
생산자는 비용은 줄이고 생산성은 높이면서 더 나은 신제품을 만들
새로운 방법을 찾습니다.

수요독점은 한 제품에 다수의 판매자와 하나의 구매자가 있는 시장을 말한다.

독점

특정 제품에 하나의 판매
자만 존재할 때 우리는 '독점'이라고 부릅
니다. 독점권을 가진 판매자는 가격 경쟁이 필요하지 않으므로 일
반적으로 소비자는 상품에 비싼 비용을 지불하게 되죠. 경쟁이 없
다는 것은 독점기업이 비즈니스를 효율적으로 만드는 데 많은 신경
을 쓰지 않을 것이라는 의미도 담겨 있습니다.

자유시장

경쟁시장에서 이익을 얻는 것은 소비자만이 아닙니다. 장기
적으로 생산자는 더 많이 팔고 산업의 생산성이 높아지며
이익을 얻어요. 효율적인 산업은 사회 전체에도 이롭습니
다. 사회는 더 번영하고 세계시장에서 경쟁력도 높아지죠.
자유시장의 개념은 간단합니다.
'판매자와 구매자가 자유롭게 교류하도록 놔두자. 그러면
모두에게 이익이 되는 거래에 합의할 것이다.'
이론상으로는 너무 좋죠. 그러나 실제로는 사람들이 자유시
장을 악용하는 것을 막는 규제도 있어야 합니다. 대부분의
국가는 비양심적인 거래자에게서 소비자를 지키고, 착취적

최상의 거래 ➡
자유시장경제에서 기업은 다른
기업들과 경쟁하고, 이는 효율적으로
사업을 운영하고 고객에게 최상의
거래를 제공하도록 이끈다.

인 생산자에게서 노동자를 보호하는 규제 법률을 두고 있습니다.

얼마나 자유로워야 하나?

경제학자들은 정부 규제에서 시장이 얼마나 자유로워야 하는지에 관해 다양한 의견을 냅니다. 어떤 이들은 '자유방임경제(Laissez-faire, 프랑스어로 '내버려두어라'에서 유래)'라고도 부르는 완전 자유시장경제에서 어떠한 간섭도 없이 기업을 운영하는 것이 최고라고 주장합니다. 반면 정부가 상품 거래를 완전히 통제해야 한다고 주장하는 사람들도 있죠. 카를 마르크스는 노동 계급의 희생으로 산업 자본가들에게 이익을 가져다주는 시장경제의 불공정성을 지적했습니다. 그리고 공장과 제분소 같은 생산 수단을 공동으로 소유할 뿐만 아니라, 상품의 생산과 분배를 시장의 힘에 맡기지 말고 중앙에서 계획하는 공산주의 사회를 제시했습니다.

> # 경제생활에서 경쟁은 완전히 부족하지도, 완전하지도 않다.
>
> 조지프 슘페터(Joseph Schumpeter), 경제학자

타협점

계획경제를 주장한 카를 마르크스의 사상은 20세기에 여러 공산주의 국가에서 채택되었으며, 다양한 결과를 낳았습니다. 루트비히 폰 미제스(Ludwig von Mises) 같은 서구의 경제학자들은 명령경제는 시장만큼 수요와 공급의 변화에 빠르게 대응할 수 없으며, 그 결과 막대한 상품의 잉여와 치명적인 부족을 초래한다고 비판했습니다. 대부분의 경제는 이러한 양 극단주의의 중간 지점에서 움직입니다. 저명한 영국의 경제학자 존 메이너드 케인스는 경쟁시장의 장점은 인정하되, 불황기에 경제 기복의 영향을 줄이기 위해서는 정부가 개입해야 한다고 주장했습니다.

48-49, 52-53, 64-65쪽 참고

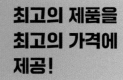

최고의 제품을 최고의 가격에 제공!

누가
주인인가?

제조업의 도래로 경제력은 농업 경제에서 번영한 귀족 지주에서 벗어났습니다.
개인이나 가족, 조합이 공장을 소유하고 운영하게 되었죠. 오늘날 대부분의
대기업은 다수의 주주가 공동으로 소유하고 관리자가 운영하는 방식입니다.

힘을 모으다

기업을 공동으로 소유하는 개념은 산업혁명 이전에도 있었습니다. 여러 비즈니스가 모여 국제무역을 하는 기업을 만들었죠. 제조업이 대량으로 제품을 생산하게 되자 조합 형태로 필요한 자금을 모으고 이익을 공유하는 것이 합리적인 방법으로 자리 잡았습니다. 물론 개인 기술자와 소매상인, 소규모업체 같은 작은 사업의 형태도 이어졌죠.

어떤 이들은 각자가 지분을 지닌 작은 사기업을 만들기도 했습니다. 제품을 대량 생산하고 많은 근로자를 고용해야 하는 큰 공장과 제분소는 사업 자금을 조달하기 위해 상당한 금액을 마련해야 할 때가 많았고, 이에 대중에게 회사의 주식을 제공하게 되었죠. 투자자는 주식회사로 알려진 이러한 공개회사의 주식을 사면서 기업에 건물과 기계 구입비, 근로자 임금을 제공하는 셈입니다. 그 대가로 투자자는 배당금이라는 이익의 몫을 받죠. 또한 주주는 일반적으로 회사에서 이사를 임명할 때 투표권을 행사하며, 사업의 운영 방식에 발언권을 갖습니다.

카를 마르크스(Karl Marx, 1818~1883년)

카를 마르크스는 오늘날 독일에 해당하는 지역에서 태어났습니다. 그는 법과 철학을 공부하고 언론인이 되었지만, 사회주의적 정치 견해로 인해 파리로 도피해야 했습니다. 그곳에서 그는 프리드리히 엥겔스(Friedrich Engels)를 만났고, 둘은 1848년에 《공산당 선언》을 집필했습니다. 그 후 마르크스는 런던으로 이동해 자본주의의 분석과 자신의 경제 이론을 담은 《자본론》을 완성했죠.

회사의 지분 ⬆
다양한 투자자가 대기업을 소유할 수 있다. 그들은 회사의 주식을 구매하고 운영 방식에 발언권을 갖는다.

좋은 공유

그러나 주주는 사실상 회사의 일상적인 운영을 통제하지는 못합니다. 회사의 운영 방식을 결정하도록 주주가 임명한 이사회가 사업을 관리하죠. 보통 이사회는 주주를 위해 이익을 낼 수 있는 능력을 기준으로 선발됩니다. 그리고 회사의 주식을 보유하고 있습니다. 주주가 사업에 내는 발언권의 정도는 그들이 소유한 주식 수에 정비례합니다. 따라서 누군가가 주식의 50% 이상을 보유했다면, 사실상 그 회사의 지배권을 갖는 것이죠. 그러나 실제로 개인이 대기업의 과반수 지분을 갖는 경우는 드뭅니다. 일반적으로 대기업에는 개인 투자자뿐 아니라 여러 다양한 주주가 있습니다. 투자 회사와 은행, 연기금도 주식을 사고, 회사의 임직원도 주식을 보유할 수 있죠. 다른 기업이나 정부 역시 주식을 살 수 있습니다.

> 미 국방부는 320만 명이 넘는 직원을 보유한 세계에서 가장 규모가 큰 고용주다.

> # 자본주의에서는 사람이 사람을 착취한다. 사회주의에서는 그 반대이다.
>
> 존 케네스 갤브레이스

혼합

자본주의 자유시장경제에서 대부분의 기업은 민간 투자자(개인이나 회사)가 소유하지만, 정부도 일부 지분을 보유할 수 있습니다. 그러나 어떤 산업은 정부가 지배적 지분을 보유해 경영권을 갖거나 기업을 소유합니다. 이렇게 국영화된 산업이나 공기업은 보통 우편과 의료, 대중교통 같은 중요한 시설뿐 아니라 치안과 국방 같은 필수적인 서비스를 제공해요. 오늘날 대부분의 국가는 민간과 국영산업을 다양한 비율로 보유한 일종의 '혼합경제' 체제를 띕니다. 이는 경제적·정치적 이유가 모두 작용하며, 자본주의(자본의 사적 소유)와 사회주의, 또는 공산주의(생산 수단의 공적 소유) 간의 뚜렷한 차이를 보여주죠.

42-43. 100-101쪽 참고

많은 사람이 한 회사의 일부를 가질 수 있다.

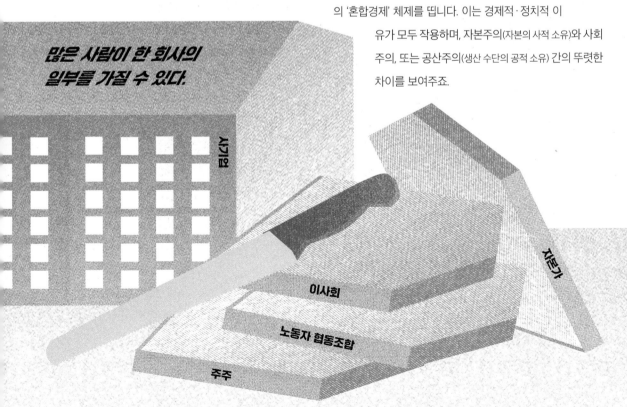

시장가

이사회

노동자 협동조합

주주

자본가

공급자에서 소비자까지

원재료 공급업체

제품 제조업체

기업은 어떻게

고객의 관점에서 보면 기업은 고객이 필요로 하는 제품과 서비스를 제공하기 위해 존재합니다. 그러나 기업의 소유자와 관리자에게는 그것이 전부가 아니죠. 기업은 돈을 벌기 위해 제품과 서비스를 제공합니다. 그리고 돈을 벌기 위해서는 비즈니스를 면밀히 관리해 이익을 창출해야 해요.

> 이익을 내지 못하면 망한다.
> 돈을 버는 방법은 두 가지뿐!
> 판매는 늘리고, 비용은 줄여라.
>
> 프레드 드루카(Fred Deluca), 사업가

수지 맞추기

개인 사업자부터 다국적 기업까지 모든 종류의 비즈니스는 제품을 팔아 주인과 주주를 위해 돈을 법니다. 원자재, 제조품, 서비스 등 무엇을 판매하든 기업의 최종 목표는 '이익'을 내는 것이죠. 그렇게 하려면 나가는 돈보다 들어오는 돈이 더 많아야 합니다. 소기업의 주인이든 대기업의 관리자든 경영진은 생산 비용과 수익(제품 판매로 번 금액)의 균형을 맞추어야 합니다. 수입이 지출보다 많으면 기업은 이익을 남길 수 있어요. 그러나 지출이 수입보다 크면 손실이 나죠.

수입과 지출

기업을 운영하는 사람은 생산 비용을 신경 써야 합니다. 생산 비용은 제품을 만들기 위해 필요한 돈을 말해요. 예를 들어 제조업이라면 제품을 만들기 위한 원재료(책의 경우 종이와 잉크)를 비롯해 생산에 필요한 건물과 기계 비용, 근로자의 임금이 발생하죠. 물론 다른 비용을 내야 할 때도 있습니다. 고객에게 제품을 전달하는 운송비와 더불어 난방과 전기, 설비의 유지 보수, 보험 같은 용역비 등이 발생할 수 있기 때문입니다.

또한 기업은 이익을 남기면 정부에 세금을 내야 합니다. 이 등식의 반대쪽에는 기업이 제품을 팔아 생긴 수입이 있겠죠. 사업을 성공적으로 운영하면 수입으로 생산 비용을 댈 수 있어요. 하지만 새로운 사업을 시작할 때는 제품을 만들고 팔기도 전에 설비 구입과 대지 마련 등에 쓸 자금이 필요합니다. 이미 자리

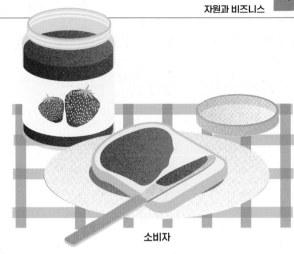

제품 소매업체

소비자

운영할까?

완제품이 원재료 공급업체에서
소비자에게 닿기까지 각 단계의
기업은 이익을 내는 것이 목표다.

잡은 기업도 생산 증대를 위해 이익을 회수하기 전에 돈을 써야 할 때가 있습니다. 따라서 기업은 제품 판매는 물론, 은행 대출, 주식 거래 등을 통해 자금을 마련하기도 합니다. 그 대가로 은행에는 대출 이자를 지불하고, 주주에게는 이익 분배금을 지급합니다.

제품 판매로
벌어들인 금액 대비
이익의 비율을
'이익률'이라고 한다.

러 이익을 내라는 주주의 압박에 돈을 재투자해 생산성이나 근로 조건을 개선하기보다는 이익 회수에 중점을 두죠. 관리자는 회사의 장기적 이익보다 자신의 이득에 맞게 기업을 운영하고 싶은 유혹에 빠질 수 있습니다.

52-53, 56-57쪽 참고

이익 내기

기업이 판매로 높은 수입을 얻으려면 시장, 다시 말해 자사의 제품을 가장 원하는 대상을 명확히 파악해야 합니다. 특히 서비스 분야 같은 비즈니스는 소비자에게 직접 제품을 판매하죠. 그러나 많은 경우, 고객에게 완제품을 제공하는 과정에 매우 많은 기업이 함께합니다. 예를 들어 원재료업체는 원재료를 제조업체에 공급합니다. 그러면 제조업체는 제품을 만들어 고객에게 판매할 수 있도록 상점에 제공하죠. 각각 다른 대상에 판매하며 이익을 추구하는 것입니다. 소기업은 대부분 소유자가 경영하지만, 대기업은 적합한 사람을 경영인으로 고용해 비즈니스를 운영하게 합니다. 경영자는 사업의 수익성을 관리하며 어떤 제품을 어떻게 만들어 판매할지 결정합니다. 때로는 서둘

당근과 채찍

관리자는 직원이 회사에 도움이 되게 일하도록 이끌어야 합니다. 유명한 경영학자 더글러스 맥그리거(MacGregor Douglas)는 경영자의 기본적인 관리 방식을 두 가지 이론으로 표현했습니다. X이론은 성과가 좋지 않으면 징계로 근로자를 압박하는 관리 방식이고, Y이론은 잘한 일에 보상을 해주는 관리 방식입니다.

효율적인 비즈니스 운영

50-51쪽 참고

자유시장 체제에서 성공을 거두려면 기업은 경쟁력 있는 가격에 제품을 제공해야 합니다. 재화와 서비스를 얼마나 효율적으로 생산하는지를 뜻하는 '비즈니스의 생산성'은 성공의 필수 요소라 할 수 있죠. 이에 유능한 경영자는 생산 비용이 가장 적게 유지되도록 관리합니다.

한 번에 하나씩

관리자는 언제나 생산성을 높일 방법을 찾습니다. 생산성은 생산량 대비 비용의 비율을 의미해요. 제조업이 시작할 무렵, 애덤 스미스는 자신의 저서를 통해 좀 더 효율적인 생산 방식을 제시했습니다. 그것은 바로 '노동 분업'이죠. 대부분의 제조품은 각기 다른 기술을 사용하는 여러 과정을 거쳐 만들어집니다. 스미스는 핀을 생산하는 과정을 예로 들었어요. 핀은 철사를 곧게 펴고, 뾰족하게 갈고, 머리를 끼우고, 광을 내어 만들죠. 한 명의 노동자가 이 모든 일을 처리하면 하루에 20개의 핀을 만들 수 있습니다. 그러나 이 작업은 독립적인 과정으로 나눌 수 있습니다. 여러 노동자가 각각 하나의 업무를 맡는 것이죠. 한 가지 일을 전문으로 담당하면 노동자는 다른 업무로 변경할 필요 없이 훨씬 빠르게 일을 처리할 수 있습니다. 이제 10명의 노동자는 하루에 수천 개의 핀을 생산할 수 있습니다. 생산량이 어마어마하게 높아진 것이죠.

> **노동 분업의 결과로 노동 생산력은 크나큰 발전을 이루었다.**
>
> 애덤 스미스

각 노동자가 특정 작업을 맡으면…

규모 늘리기

생산성을 높이는 또 다른 방법은 규모의 경제입니다. 공장에서 더 많은 제품을 생산하면 각물품을 만드는 데 드는 비용은 어떻게 될까요? 줄어듭니다. 건물이나 기계 같은 고정 비용은 공장의 생산량과 관계없이 들기 때문이죠. 따라서 많은 양의 제품을 만들면 고정 비용은 더 많은 물품에 분산됩니다. 또한 원재료를 대량으로 구입하기 때문에 비용 절감이 가능해요. 노동 역시 생산 비용입니다. 오늘날 기계는 많은 작업을 처리할 수 있습니다. 기계 하나가 한 명의 직원과 여러 사람의 작업을 수행하기도 하죠. 이런 까닭에 기업은 이익의 일부를 연구 개발에 투자하며 설비의 효율성을 높일 방법을 찾습니다. 가난한 나라에서는 노동 임금이 저렴한 편이라 부유한 나라의 기업은 생산을 해외에 아웃소싱하기도 합니다.

이탈리아 베네치아의 조선소는 14세기에 조립 라인 방식을 개발해 선박을 완성했다.

과감한 절감

서비스 산업은 인적자원이 큰 역할을 차지해 생산성을 높이기가 쉽지 않습니다. 그러나 정보 기술의 발전은 몇 가지 변화를 가져왔습니다. 일례로 더는 비싼 도시에 거점을 두고 사업을 할 필요가 없습니다. 인터넷이나 이메일을 통해서도 서비스 제공이 가능하죠. 고품질 제품 생산에 주력하는 기업은 전통적인 방식으로 제품을 직접 만든다는 사실을 강조합니다. 이러한 사업이 번창할 수 있는 것은 고품질의 제품을 원하는 수요가 있기 때문이죠. 고객은 비싼 가격을 지불하고, 이 가격은 높은 생산 비용을 충당합니다.

조립 라인

공장에서 일하는 노동자는 생산 과정의 여러 단계를 담당해야 할 수 있습니다. 제품이 한 작업대에서 다음 작업대로 이동하는 조립 라인에서는 노동자가 도구들을 가지고 이동할 필요가 없어 더욱 효율적이죠. 1913년 헨리 포드(Henry Ford)는 컨베이어 벨트 조립 라인을 도입해 모델 T 자동차를 생산했습니다.

➡ **여러 일손**
노동자가 한 작업에서 다른 작업으로 전환하지 않고 특정 작업만 처리하면 생산성은 매우 증가한다.

제조 과정은 훨씬 효율적이다.

협동조합단체

협동조합은 농부나 소비자 같은 사람들이 연합해 동등한 지분을 갖는 기업을 만든 것입니다. 이렇게 하면 협동조합원은 혼자서는 불가능한 방식으로 자신의 욕구를 맞출 수 있어요. 그리고 자본주의 경제 내에서도 사회적 이익을 도모할 수 있죠.

은행과
신용조합

사실상 신용조합은 조합원들이 운영하는 소규모 사설 은행입니다. 회원들이 함께 모여 적정한 이율로 저축하고 대출을 받을 수 있도록 돕죠. 이러한 조합은 직업이나 종교와 같이 공통분모가 있는 사람만 들어갈 수 있는 경우가 많습니다. 협동조합 은행은 규모가 크고, 시중 은행과 달리 고객이 소유자이며, 윤리적 투자 정책을 지니는 편입니다.

노동자
협동조합

노동자 협동조합은 노동자가 소유한 기업입니다. 단독 소유주 없이 직원들이 직접 사업을 운영하죠. 사업은 모든 구성원이 민주적으로 함께 운영하거나 선출된 경영진이 이끌어 나갑니다. 어떤 이들은 노동자 협동조합이 순전히 이익만 추구하는 기업에 대한 자연스러운 대안이라고 주장합니다. 자본이 노동자를 고용하는 대신 노동자가 자본을 고용해 더 많은 통제권을 갖는 것이죠.

네덜란드 전체 주택의 약 3분의 1은 주택 협동조합의 소유다.

주택
협동조합

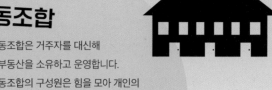

주택 협동조합은 거주자를 대신해
주거용 부동산을 소유하고 운영합니다.
주택 협동조합의 구성원은 힘을 모아 개인의
능력보다 더 나은 주택과 서비스를 구할 수 있죠.
협동조합의 경영진은 누군가가 떠나면 조합원을
대신해 새로운 거주자를 선택합니다. 많은 이에게
주택 협동조합은 꽤 괜찮은 집을 구할 수 있는
유일한 방법입니다.

소비자
협동조합

소비자 협동조합은 고객이 소유한 기업입니다.
회원들은 힘을 모아 대량 구매로 비용을 크게 절감
하고, 이익만 좇는 소매업체를 차단하는 영향력을
행사합니다. 소비자 협동조합의 목표는 조합원들에게
최저가로 물건을 제공하는 거예요. 구매자가 가장 비싼
가격을 내게 해 이익을 극대화하는 것이 아니죠.
영국의 코업그룹은 전 세계에서 가장 큰
소비자 협동조합으로, 상점, 보험, 여행, 장례,
은행 서비스 등을 제공합니다.

**협동조합은
경제적 성공과
사회적 책임을 함께
추구하는 것이 가능하다는
사실을 국제사회에 보여준다.**

반기문, 전 UN 사무총장

⬆ 협동
협동조합단체를 형성할 때는
많은 구성원의 힘을 활용해 조합원에게
유리한 협상을 체결할 수 있다.

일하러 가기

모든 산업에는 노동력이 필요합니다. 제조와 건설, 농업, 서비스 산업까지
모두 재화를 생산하고, 그 서비스를 수행하는 데는 노동력이 필요하죠.
이러한 노동력은 다른 자원처럼 사고팔 수 있습니다. 근로자는 자신의 시간과
기술을 제공하고, 고용주는 임금과 월급으로 값을 치르죠.

50-51, 126-127쪽 참고

가격 매기기

1인 기업이나 동업을 제외한 모든 사업은 근로자를 고용해야 합니다. 그리고 대부분의 사람은 생계를 유지할 돈을 벌기 위해 일자리가 필요해요. 수요와 공급이 있는 것이죠. 일자리를 공급하는 고용주는 인적자원이나 노동력이 필요하고, 노동력을 공급하는 근로자는 일자리가 필요합니다. 비즈니스와 노동력이 이렇게 연결되는 방식을 '노동시장'이라고 합니다.

노동시장은 다른 시장과 마찬가지로 수요와 공급으로 가격이 결정됩니다. 이 경우에는 임금이나 월급으로 지급되는 비용이 노동 가격이죠. 고용주는 당연히 비용을 줄이길 원하므로 임금을 낮추기 위해 노력하는 반면, 근로자는 보다 많은 임금을 받기 위해 협상을 시도합니다. 그러나 노동력의 공급이 많다면 모든 상품

이 그렇듯 가격은 내려갑니다. 그리고 고용주는 일자리를 찾는 노동자가 넘쳐나니 임금을 더 낮출 수 있죠. 이는 인구가 많은 지역의 비숙련 노동자들이 흔히 겪는 상황이에요. 반면 특정 기술을 가진 근로자는 드물기 때문에 기업은 더 큰 비용을 주고 그들을 고용합니다.

노동의 균형

노동시장은 인적자원을 배분하고, 근로자에게 일자리를 분배하며, 기업에 사업 운영에 필요한 인력을 제공하는 수단입니다. 완벽한 노동시장이 있는 이상적 세계에서는 양쪽 모두 이득일 거예요. 그러나 실제로는 노동도, 일자리도 완벽하게 분배되지 않습니다. 일부 국가는 비숙련 노

정비공

4,000만 원

근로자의 권리

어떤 고용주는 근로자가 저임금으로 오랜 시간 일하도록 강요합니다. 근로자들은 이러한 착취 환경에서 자신을 보호하기 위해 노동조합을 결성하죠. 근로자는 노동조합을 통해 집단적으로 고용주와 노동 조건을 협상할 수 있습니다. 또한 일을 중단한다는 절대적 위협인 파업을 협상 도구로 사용하기도 합니다.

동력은 많지만 일자리가 충분치 않고, 다른 필요한 기술을 갖춘 노동자는 부족하기도 해요. 이 경우 고용주는 근로자를 훈련시키는 데 많은 비용을 써야 할 수도 있습니다. 부유국에서는 정반대의 문제가 나타나기도 합니다. 고도로 숙련된 노동력은 많은데 이를 위한 일자리는 충분치 않은 것이죠. 그러면 숙련된 노동자는 임금이 낮은 비숙련 노동을 고려해야 하는 상황이 올 수도 있습니다.

> 성인층의 실업률보다
> 14~28세 청년층의
> 실업률이 훨씬 높다.

실업
원인이 다양한 불균등한 일자리와 노동력의 분배로 발생하는 결과는 바로 실업입니다. 예를 들어 계절을 타는 관광 산업에 종사하는 근로자는 비수기에는 일자리를 잃을 수도 있죠. 과잉 생산이 실업의 원인이 되기도 합니다. 상품이 많이 남아 물건을 만들 근로자가 필요 없는 것이죠. 구형 텔레비전이나 계산기처럼 재화의 수요가 감소할 때도 마찬가지입니다. 많은 산업에서 일어나는 기계화 역시 사람들의 일자리를 앗아가고 있습니다. 언제든지 일할 능력과 의지가 있어도 일자리를 찾지 못하는 사람들이 많아요. 실업률(경제 활동 인구 중 실업자가 차지하는 비율)은 각기 다르며, 국가의 경제적 번영을 보여주는 지표로 여겨집니다. 그러나 이 비율은 가능한 일자리보다 일하고 싶은 사람이 더 많다는 전체적인 그림을 보여줄 뿐입니다. 구직 중인 사람의 수, 계절 산업에 종사하는 사람의 수, 장기적으로 실직 상태인 사람의 수는 이 지표로 알 수 없습니다. 또한 실업률이 노동력의 기술과 가능한 일자리 간의 불일치를 설명해 줄 수도 없죠.

> **경제학은 경제학자를 먹여 살리는 매우 유용한 수단이다.**
>
> 존 케네스 갤브레이스

↩ **직업의 요금**
이상적인 노동시장에서 구직자는 고용주가 필요로 하는 기술을 제공한다. 고도로 숙련된 근로자나 흔치 않은 기술을 가진 사람은 자신의 노동에 더 많은 돈을 요구할 수 있다.

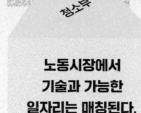

노동시장에서 기술과 가능한 일자리는 매칭된다.

통 큰 소비자들

고객이 재화와 서비스를 사거나 소비하기를 원치 않으면 공급업체는 존재할 수 없습니다.
사치품에 쓸 돈이 더 많은 부유국의 소비자는 계속해서 물건을 사도록 설득당합니다.
이른바 '소비의 사회'에 있는 것이죠.

호황기

18세기 후반 산업혁명 시기에 부상한 제조업은 물건을 만드는 방식뿐 아니라 우리 삶의 모든 면을 바꾸어놓았습니다. 특히 새로운 자본가 계층인 공장과 제분소의 주인은 산업사회로 번영을 누렸으며, 이들의 상품은 점점 더 많은 상점에 공급되었어요. 상품을 살 구매자도 늘어났습니다. 비즈니스 소유주는 많은 부를 얻었고, 근로자는 새로운 산업에서 일자리를 구해 임금을 받았죠. 많은 사람이 도심과 중심지로 몰려들어 필수품을 찾았습니다. 사치품을 사고 싶어 하는 부유한 사업가도 늘어났습니다. 이러한 재화의 수요와 공급이 일어나는 시장도 더욱 커졌죠. 수요를 맞추기 위해 생산이 늘었고, 산업사회의 경제는 더 많은 제조품을 공급하고 효율적인 생산 방법을 찾으며 번창했습니다. 수요의 증가로 생산자들이 단골을 만들기 위해 경쟁하면서 필수품의 가격은 내려갔습니다.

흥청망청 쇼핑하기

산업사회가 번영하면서 대중에게 상품을 판매하는 상점과 가게 같은 소매업도 성장했습니다. 도시 근로자, 공장 소유주는 시골의 농산물 직판장을 방문하는 대신 마을 상점에서 상품을

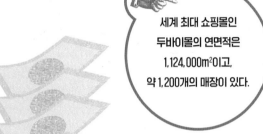

세계 최대 쇼핑몰인 두바이몰의 연면적은 1,124,000m²이고, 약 1,200개의 매장이 있다.

◐ 쓰고, 쓰고, 또 쓰고
사람들은 더욱 부유해지면서 필수품을 사고도 남는 돈이 많아졌다. 그리고 그 돈으로 소비재를 사게끔 설득당한다.

구입했습니다. 여러 도시의 중심지는 곧 쇼핑가가 되었고, 오늘날 많은 곳이 실내 쇼핑몰로 발전했습니다. 사람들이 더 많은 돈을 쓸 수 있게 되면서 소매업도 제조업과 함께 꾸준히 성장했습니다. 많은 개별 소매 비즈니스가 다양한 제품을 제공하는 대형 백화점이나 마트가 되거나 여러 도시에 지점이 있는 체인점으로 발전했죠. 오늘날 부유한 국가에는 교외에도 대형 마트와 상점 거리가 있습니다.

소매업은 이제 엄청난 수의 사람을 고용하는 주요 사업입니다. 고객이 중요하기 때문에 경쟁 소매업체는 소비자가 자기 상점의 제품을 사도록 유도할 거예요. 잠재

> # 소비는 모든 생산 활동의 유일한 종착점이자 목적이다.
>
> 애덤 스미스

고객인 우리는 더 많은 돈을 쓰라고 끊임없이 설득당합니다. 이렇게 제품의 생산보다 소비에 중점을 두는 것을 '소비주의'라고 부릅니다. 소매업체는 소비를 이끌기 위해 전화와 온라인 구매를 제공하거나 쇼핑을 지루한 일이 아닌 즐거운 활동이 되도록 더욱 편리하게 만들었습니다.

인생의 작은 사치

부유국에서는 많은 사람이 필수품을 사고도 돈이 남아 자신이 원하는 물건을 살 여유가 있습니다. 사람들은 즐거움을 주는 상품 외에도 서비스에 돈을 씁니다. 이전에는 자신이 직접 해결했던 세탁, 청소, 미용, 피부 관리 같은 일에 돈을 쓰죠. 결과적으

과시

우리가 구매하는 대부분의 상품은 삶을 편리하게 만들어주는 필수적인 것들입니다. 그러나 경제학자 소스타인 베블런(Thorstein Veblen)은 사람들이 소비 비용을 과시하는 사회적 징표로 일부 상품을 구매한다는 점에 주목했어요. 롤스로이스 자동차처럼 과시적 소비를 보여주는 상품을 '베블런재'라고 부르기도 합니다.

로 사람들은 더 많은 여가 시간이 생겨 취미를 즐기거나 휴식을 취할 수 있습니다. 여행을 가거나 독서, 게임 등과 같은 여가 활동에 돈을 쓴다는 의미죠.

꼭 필요하지 않은 물건을 쇼핑하는 것이 여가 활동이 되었다.

36-37. 130-131쪽 참고

휴식

이제 기술은 우리 대신 많은 일을 해줍니다. 이에 우리는 더 많은 여가를 즐길 수 있죠. 그러나 실제로 기술은 많은 사람의 일자리를 앗아가기도 합니다. 또한 일을 적게 하면 급여가 줄기 때문에 일을 열심히 해야만 하는 사람도 많습니다. 일자리는 더 적어졌고, 그 일을 원하는 사람은 많죠.

고객을 유치하는 한 가지 방법은 특가품을 제공하는 것입니다. 마트에서는 상품을 원가보다 싸게 판매하기도 합니다. 이러한 '특가품'은 손님이 가게에 머물며 다른 물건도 사게 만드는 역할을 하죠. 특별 가입 가격을 제공하는 업체도 있지만 이는 보통 긴 약정 기간이 있어 그리 좋은 거래가 아닐 수 있습니다.

특가품

일상에서의
자원과 비즈니스

선진국의 도시와 시내에는 사무실과 상점, 레스토랑은 보이지만 산업사회 이전의 흔적은 찾기 힘듭니다. 이런 곳에서는 서비스업만 기반으로 하는 '탈산업사회'를 상상하기 쉽죠. 그러나 제조품을 공급하는 산업과 식량을 공급하는 농업은 언제까지나 필요할 것입니다.

서비스 사원

세계 곳곳에

천연자원은 어느 곳에서는 풍부하고, 어느 곳에서는 찾아보기 힘들 정도로 희박합니다. 예를 들어, 어떤 국가에서는 물을 마음껏 사용할 수 있지만 어떤 국가에서는 싸움이 일어날 만큼 귀하죠. 석유나 광물 같은 자원을 가진 나라는 정치적 영향력을 얻기도 합니다.

경쟁은 생산자가 더 좋은 상품을 더 낮은 가격에 제공하도록 만듭니다. 그러나 소비자 입장에서는 선택권은 많아졌지만 많은 상품이 혼란스러울 정도로 매우 유사하죠. 차이가 별로 없는 상품들 사이에서 선택권이 너무 많아진 소비자는 올바른 결정을 내리기가 어렵습니다.

너무 많은 선택권

최신식

기술은 어느 때보다 빠르게 발전하고 있으며, 생산자는 우리에게 최신 제품을 끊임없이 제시합니다. 특히 전자제품은 시간이 조금만 지나면 구형 모델로 여겨집니다. 따라서 지난해에 출시된 성능이 완벽한 고가 스마트폰조차 기술이 발전하면 무용 가치가 되어버리죠.

소비자인 우리는 시장에 판매 제품을 제공하는 공급업체로부터 재화와 서비스를 구매합니다. 이러한 재화의 종류와 가격은 수요에 따라 각각 달라지죠. 이는 결국 우리가 자원을 사용하는 방식과 배분, 그리고 보유한 산업의 종류를 결정합니다.

거물

많은 소규모 회사가 대기업과 경쟁한 끝에 폐업하거나 대기업에 인수되었습니다. 세계적으로 이름을 알린 일부 거대 기업은 몇몇 나라보다 자산이 많고, 정부도 그들을 무시하지 못합니다.

틈새시장

사업을 시작하거나 신제품을 출시할 때는 경쟁력이 중요합니다. 특히 누군가가 이미 유사한 제품을 판매하고 있다면 단순히 좋은 제품으로 충분하지 않아요. 시장에서 자리를 잡으려면 제품이 아직 남아 있는 수요를 충족해야 합니다. 시장의 틈새를 채워야 하죠.

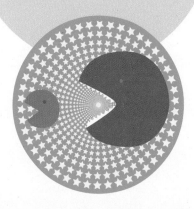

돈이 세상을 움직이는가?

시장과 거래

각 나라들은 수천 년 동안 교역을 해왔습니다. 어느 날 운송과 통신의 발전으로 국제만약은 모든 국가 경제의 중심이 되었습니다. 이제 세계화란 많은 기업이 해외에서 재활을 팔거나 생산한다는 의미예요. 그로 인해 여러 나라가 부유해졌습니다. 그러나 전 세계에 산업이 자리를 잡으면서 심각한 환경 문제도 발생했습니다.

시장은 얼마나

사회주의 국가인 북한은 전 세계에서 가장 중앙계획적인 경제 체제를 갖고 있다.

이론상으로는 시장에서 매칭되는 수요와 공급으로 생산자와 소비자는 모두 이득을 얻습니다. 그러나 실제로는 그 시스템이 완벽하게 돌아가지 않습니다. 일부가 다른 이보다 더 많은 이득을 가져가지 않도록 시장의 규제가 필요하죠.

완벽한 균형

이상적인 세계에서는 수요와 공급이 완벽한 균형을 이루도록 구매자와 판매자가 시장에서 거래를 체결합니다. 그냥 내버려두면 시장이 알아서 조정하죠. 그러나 현실에서는 항상 이럴 수 없어요. 경제학자들은 시장을 어느 정도까지 내버려두어야 하는지, 운영 방식을 어디까지 통제해야 하는지에 관해 다양한 목소리를 냅니다. 극단적으로, 자유방임주의 경제학자는 정부의 개입이 없는 완전한 자유시장을 주장합니다. 반대쪽의 끝에는 카를 마르크스의 이론을 따르는 마르크스주의 경제학자들이 있습니다. 그들은 정부가 생산을 완전히 통제해야 한다고 생각합니다. 이러한 극단주의 가운데 경제학의 주류 사상은 시장 시스템의 실패를 보완하기 위해 어느 정도의 규제와 정부 개입은 필요하다는 것입니다. 그러나 시장이 얼마나 자유로워야 하

공급이 수요를 창출한다.

장 바티스트 세이(Jean-Baptiste Say), 경제학자

시장에 장애물이 너무 많은가?

⤴ 더 안전한 길

도로 교통 법규가 교통을 느리지만 더 안전하게 만드는 것처럼, 시장 규제는 비즈니스를 제한하지만 더 공정하게 만든다.

자유로워야 하나

14-15, 32-33, 38-39쪽 참고

는지, 정부의 개입을 어디까지 허용해야 하는지에 대한 의견은 다를 수 있습니다.

여러 의견

자유시장 경제학자들은 대부분의 규제가 불필요하며, 기업의 경제 성장을 막고 혁신을 저해한다고 생각합니다. 일부 법이 기업의 활동에 제한을 두는 것은 맞습니다. 그러나 청부 살인 서비스나 중독성 약물 판매를 금지하는 법에 반대할 사람은 없겠죠. 그리고 기업에 부과되는 일부 규제는 사기와 뇌물 같은 범죄 행위와 불량품 판매를 금지하기 위해 고안되었습니다.

기업은 자사에 가장 이익이 되고, 회사와 주주가 이득을 얻는 방향으로 행동할 자유를 원합니다. 그러나 정부는 국민과 나라 전체의 경제에 이익이 되게 행동해야 해요. 예를 들어 세금은 기업에는 큰 부담이지만, 정부는 그 세금으로 여력이 되지 않는 사람들에게 교육과 의료 같은 공공 서비스를 제공할 자금을 마련합니다. 그리고 많은 국가가 불공정 거래 행위를 법으로 금지합니다. 소비자의 권리를 보호하고 산업이 공정한 임금과 근로 조건을 제공하도록 보장하기 위해서죠.

일부 경제학자들은 정부가 국가 경제를 돕기 위해 개입해야 한다고 생각합니다. 자유시장의 단점은 호황과 불황이 반복된다는 거예요. 정부가 경제 계획을 어느 정도 통제할 수 있다면 이러한 변동을 최소화하고 금융위기를 피할 수도 있겠죠. 수입 상품에 붙는 세금과 외국 기업과의 경쟁을 돕기 위한 산업 보조금 같은 정부의 개입은 기업에도 도움이 될 수 있습니다.

자유냐, 평등이냐

자유시장이나 정부 개입을 찬성하거나 반대하는 주장이 온전히 경제적인 문제는 아닙니다. 정치가 근간이 되기도 하죠. 결국 선택은 자유냐 평등이냐에 달려 있습니다. 자유주의 국가가 선호하는 규제 없는 시장은 선택의 자유를 줍니다. 그러나 불평등한 사회라는 대가가 따르죠. 사회주의 정치가와 경제학자가 지지하는 중앙통제경제는 부를 더욱 공평하게 분배하지만, 규제 역시 많습니다. '혼합경제 체제'에서도 그 균형은 시간이 흐르며 바뀌기 때문에 1980년대 이후로는 전 세계 많은 국가가 자유방임 방식을 따르고 있습니다.

실패한 시도?

20세기에 여러 국가는 재화와 서비스의 생산을 통제하는 공산주의 정부의 방식을 도입했습니다. 그러나 이렇게 중앙계획적인 경제는 수요를 맞추는 데 실패합니다. 과잉 생산한 상품도, 부족한 상품도 발생했죠. 경제학자들은 이러한 경제 체제의 실패가 자유시장의 필요성을 보여주는 증거라고 말합니다.

자유무역

재화와 서비스는 한 국가 내에서 생산과 판매가 이루어지기도 하고, 다른 나라에 팔거나 해외에서 들여오기도 합니다. 수천 년 동안 국가들은 서로 교역하며 자국에서 부족한 물품은 수입하고 수요가 있는 물품은 다른 곳으로 수출했어요.

32-33, 48-49쪽 참고

무엇이 어디에 필요한가

한 국가 안에서 다양한 재화의 생산자는 거래를 통해 물건이 필요한 곳에 분배되도록 합니다. 예를 들어 도시와 중심지에 사는 이들은 농촌 지역에서 음식을 공급받아야 하고, 시골에 사는 이들은 산업 지역에서 생산된 제조품을 공급받아야 하죠. 나라 간에도 마찬가지예요. 어떤 나라는 특정 농작물을 재배하기에 적합한 기후를 가지고 있고, 어떤 나라는 석유나 광물 같은 천연자원이나 특정 제품을 만드는 기술을 보유하고 있죠. 나라들은 무역을 통해 자국이 생산한 상품을 필요한 상품과 교환

실크로드는 1,500년이 넘는 기간 동안 중국과 인도, 아라비아와 유럽을 연결하는 경로였다.

합니다. 이러한 국제무역은 고대 문명과 함께 시작되었으며, 세계 곳곳에 상품 운송 경로가 만들어지면서 나라 경제의 중요한 요소로 자리 잡았습니다. 산업혁명 이전에는 재화 생산자보다 상인이나 국제무역업자가 주요 비즈니스를 이끌었습니다.

강점 발휘

제조업의 발전 이후, 국제무역은 모든 국가 경제에서 중요한 역할을 차지했습니다. 한 나라가 완벽하게 자급자족하기란 사실상 불가능합니다. 자국민에 필요한 재화를 생산할 자원이 없을 수

⬇ 식량은 주고 재화는 얻고!
어떤 나라가 농업에는 뛰어나지만 제조업에는 그렇지 않다면, 그 나라는 자국민이 먹고도 해외로 수출하기에 충분한 식량을 생산할 것이다. 그리고 자동차 같은 제조품은 수입할 것이다.

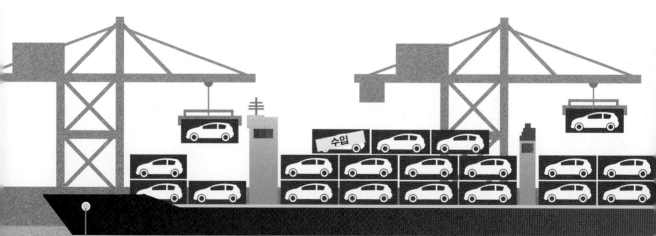

필요한 재화를 얻기 위해 농작물을 수출한다.

도 있죠. 따라서 이러한 재화를 다른 나라에서 수입해야 합니다. 그리고 그 대가로 돈을 주거나 그 나라가 필요로 하는 상품과 교환해야 하죠.

필요한 물건을 생산하지 못할 때만 수입을 하는 것이 아닙니다. 자국에서 물건을 만드는 것보다 타국에서 사는 게 더욱 저렴할 때도 있죠. 예를 들어 농업이 중심인 국가는 자동차 같은 제조품을 만들 수는 있지만, 그 산업 규모가 작고 효율적이지 않기도 해요. 그러나 농업은 생산성이 높아 자국민을 먹여 살리고 다른 나라에 팔기에도 충분하죠. 마찬가지로 상대국은 자동차를 낮은 생산

데이비드 리카도
(David Ricardo, 1772~1823년)

런던에서 태어난 데이비드 리카도는 아버지와 마찬가지로 증권중개인이었습니다. 워털루 전투(1815년) 전에 국채를 사서 큰돈을 번 후 정치가가 되었죠. 대표적인 고전학파 경제학자인 그는 1817년에 저서 《정치경제학과 과세의 원리에 대하여》를 집필했습니다.

전문으로 하는 것이 훨씬 낫습니다.

자산의 보호

국제무역이 항상 좋게 여겨지는 것은 아닙니다. 상품을 수출하면 돈을 벌지만 수입하면 돈을 내야 하죠. 국가가 수입으로 나가는 돈이 수출로 버는 돈보다 더 많은 적자 상태라면 정부는 수입을 규제하려 할 거예요. 같은 제품을 자국에서 생산하는 것이 더 비싼 경우도 있습니다. 수입 제품과의 경쟁에서 자국의 생산자를 보호하기 위해 일부 정부는 수입품에 세금을 부과하는 관세로 가격을 비싸게 만듭니다. 일부 경제학자들은 이러한 '보호주의'에 동의하지 않습니다. 그들은 정부의 규제 없이 자유로운 국제무역이 이루어져야 한다고 주장하죠.

> ## 경제학자의 신념에 반드시 포함할 것은 '자유무역의 옹호'다.
>
> 폴 크루그먼(Paul Krugman), 경제학자

비용으로 더욱 효율적으로 만들 수는 있지만, 식량은 충분히 생산하지 못할 수 있어요. 그렇다면 농업 중심 국가가 그 자본과 노동자를 농업에서 빼와 더 많은 자동차를 만드는 것이 맞지 않겠죠. 경제학자 데이비드 리카도에 따르면, 이 나라는 농업에 '비교우위'가 있습니다. 따라서 그 분야를

68-69, 104-105쪽 참고

하나로 이어진

국제무역은 국가가 있는 한, 계속 존재해왔습니다. 처음에는 이웃 나라와
교역했고, 이후에 배와 철도, 도로, 비행기 등 재화의 운송이 수월해지면서
전 세계로 확산되었죠. 이제 저렴하고 믿을 수 있는 운송과 통신으로 진정한
글로벌 비즈니스가 가능해졌습니다.

34-35, 52-53, 66-67쪽 참고

더 큰 시장

오늘날 전 세계에는 200여 개의 다양한 국가가
있습니다. 우리는 현대의 교통수단으로 어느 곳이
든 갈 수 있으며, 전화나 인터넷으로 소통할 수도
있죠. 수출용 재화와 서비스를 생산하는 기업은
사실상 글로벌 시장에서 그 어느 때보다 많은 잠
재고객을 확보하고 있어요. 각 나라에서 시장경제
가 발전해온 것처럼 글로벌 시장경제도 부상하고
있는 것이죠. 재화와 서비스의 수요와 공급을 맞
추는 가장 효율적인 방법이 어느 정도의 정부 규
제를 지닌 자유시장이라는 개념은 국제무역에도
적용됩니다. 나라들은 상호이익을 위해 거래하며,
그들 간의 경쟁은 생산적인 비즈니스와 공정한 가
격을 도모합니다. 그러나 다른 시장과 마찬가지로
어느 정도의 규제도 있어요. 예를 들어 어떤 나라
는 일부 제품에 수입세를 부과하기도 하고, 특정
국가 간의 교역을 금지하기도 합
니다. 서로 자유롭게 무역하기로
나라끼리 협정을 맺고 나머지 나
라와 무역할 때는 엄격한 규제를
두기도 하죠.

기업은 전 세계에서
사업을 할 수 있다.

➡ **글로벌 비즈니스**
대기업은 보통 부유국에 본사를 두고,
운송비와 인건비를 줄이기 위해 빈곤한
개발도상국에서 제품 생산을 진행한다.

자회사

본사

세계

세계화

일반적으로 글로벌 자유무역이 증가하면서 세계화는 꾸준히 진행되어왔습니다. 대기업은 자사의 제품을 여러 나라에 판매하는 기회를 누려왔으며, 현재 많은 기업이 전 세계에 고객을 보유하고 있습니다. 마트 체인점이나 패스트푸드 레스토랑 같은 일부 업체는 재화와 서비스를 판매하기 위해 다른 나라에도 매장을 열었습니다.

큰 규모의 기업은 물건을 해외에서 판매할 뿐만 아니라 다른 나라에서 생산하기도 합니다. 이러한 초국적·다국적 기업들은 보통 본사가 위치한 부유한 선진국에 기반을 둡니다. 본거지인 이곳에서 기업을 운영해도 제품은 본국에서 거의 생산하지 않거나 아예 하지 않을 수도 있어요.

다른 나라에 생산 시설을 두는 데는 몇 가지 장점이 있습니다. 예를 들어 상품을 구매할 국가에서 제조하면 운송비가 절약되겠죠. 원재료를 생산하는 나라에 공장을 지으면 원재료 수입 비용도 절감할 수 있습니다. 무엇보다 가장 크게 절약할 수 있는 것은 인건비입니다. 빈곤한 개발도상국에서 공장을 운영하면 노동력

1602년에 설립된 네덜란드 동인도 회사는 세계 최초의 현대식 다국적 기업으로 여겨진다.

> # 미국이 재채기를 하면 전 세계가 감기에 걸린다.
>
> 익명인

104-105, 110-111쪽 참고

이 저렴하기 때문에 대부분 비용이 더 적게 듭니다.

누가 이익을 얻는가?

오늘날 초국적 기업은 여러 국가에서 재화를 생산하고 전 세계에 판매합니다. 때로는 그 무역의 가치가 한 나라의 전체 무역 가치보다 크기도 하죠. 글로벌하게 비즈니스를 펼치고 다양한 나라의 직원을 고용할지라도 미국을 본거지로 둔 초국적 기업이라면 경영진과 주주 역시 미국에 기반을 둘 것입니다. 그리고 회사의 이익도 그 나라로 가죠.

노동의 이동

세계화는 나라 간에 재화가 자유롭게 이동하는 국제무역을 통해 발전했습니다. 하지만 세계화가 보편적이어도 사람이 일하기 위해 한 나라에서 다른 나라로 이동하는 노동의 이동은 그렇지 않습니다. 여러 국가가 자국민의 일자리를 보호하기 위해 이민을 규제하고 있죠. 그러나 이주 노동자가 경제에 매우 중요하다고 주장하는 사람들도 있습니다.

경제의 상승과 하락

50-51, 126-127쪽 참고

산업화 국가 사람들은 지난 200년간 자신들의 생활수준이 비약적으로 발전해 왔음을 잘 알고 있습니다. 이는 시장경제의 혜택으로 경제가 성장하고 나라의 부가 점진적으로 증가한 덕분이죠. 그러나 이러한 성장이 꾸준하게 일어나는 것은 아닙니다. 경제는 좋았다 나빴다 하는 특징을 가지고 있습니다.

> **유한한 세상에서 기하급수적 성장이 영원히 가능하다고 믿는 사람은 광인이나 경제학자다.**
>
> 케네스 볼딩(Kenneth Boulding), 경제학자

균형을 잃다

'완벽한' 시장이 있는 이상적인 세계에서는 공급되는 재화와 서비스의 양이 언제나 그 수요와 균형을 이룰 것입니다. 그러나 실제로 시장 균형은 변함없이 유지되지 않습니다. 수요와 공급에 영향을 미치는 시장 외적인 요소가 많기 때문이죠. 예를 들어 아이스크림 판매자는 날씨가 더우면 장사가 잘되지만 추운 겨울에는 손님이 거의 없을 거예요. 새로운 기술로 상품의 수요가 사라지기도 합니다. 최신 스마트폰이 출시되면 다른 생산자는 구형 모델을 팔기 힘들어지죠.

따라서 시장 활동은 계속해서 변화합니다. 보통은 그런 변화들이 균형 상태에 큰 변동을 주진 않지만

경제 활동이 둔화되는 것은 '불황'이라고 표현하지만, 장기간 불황이 계속되면 '공황'이라고 말한다.

→ 시장의 상승과 하락

시장의 경제적 활동은 안정적이지 않고 기복이 있다. 시장의 외부 상황이 수요와 공급에 영향을 미쳐 성장이나 침체로 이어질 수 있다.

시장은 성장할 때도 있고, 공급과 수요의 불일치로 침체기를 맞을 때도 있습니다. 이렇게 일정한 유형을 따르진 않지만 변화하는 시장 환경을 반영하는 기복을 '경기순환'이라고 부릅니다. 시장의 거래량을 의미하는 경제 활동은 균형을 이루기보다는 언제나 오르락내리락합니다. 성장과 확장의 시기와 일련의 하락과 침체의 시기가 반복되죠. 일반적으로 시장은 수요와 공급이 늘어나고 생활수준이 높아지는 점진적 확장(경제 성장)의 추세를 보입니다. 이러한 경제 성장이 눈덩이처럼 커지면 '경기 호황'을 맞기도 하고, 성장이 느려지고 하락하면 '경기 침체'로 이어지죠.

호황과 불황

장기적으로는 경제 성장을 이끌지라도 '호황과 불황'을 오가는 시장경제의 불안정성은 큰 단점입니다. 정부가 자유시장을 규제하는 주요 원인이 바로 이것이죠.

최근까지 경제학자들은 대부분 기복이 있다고 해도 시장경제는 계속해서 성장하고 생활수준을 향상할 수 있다고 믿었습니다. 이러한 생각이 처음 등장했을 때는 인구도 훨씬 적었고 더 많은 천연자원을 무한히 사용할 수 있을 것 같았죠. 그러나 환경운동가들은 우리가 대체 불가능한 유한한 자원의 세상에 살고 있다고 경고합니다.

경제가 성장하면 우리는 더욱 많은 자원을 소비합니다. 성장을 지속하는 데 필요한 물건의 공급은 줄어드는데 인구는 늘어나고, 더 높은 생활수준을 원하죠. 석유와 가스, 석탄 같은 화석 연료는 점점 부족해질 뿐 아니라 심각한 경제적 결과를 초래하는 환경 문제를 일으킵니다. 환경경제학자들은 지난 200년간 누린 생활수준의 향상을 지속할 수 없다고 말합니다. 우리는 끊임없는 경제 성장을 기대하기보다 소비를 줄이고 재생 가능한 자원을 사용하며 지속 가능한 경제를 달성해야 합니다.

경제 성장은 올라갔다 내려갔다 하는 롤러코스터와 같다.

월스트리트 폭락

20세기의 호황과 불황을 보여주는 극적인 사례는 월스트리트 폭락입니다. 1920년대 미국 경제의 성장과 함께 뉴욕 월스트리트의 주식시장은 호황을 누렸습니다. 그러나 1929년 기업들이 파산하면서 상황이 급격히 변했고, 향후 10년간 대공황이 이어졌습니다.

거품경제

거품경제는 시장이 너무 과열된 순간을 말합니다. 사람들은 대박이 날 것으로 보이는 주식을 사기 위해 달려들고, 그렇게 매입이 늘며 주식 가격은 치솟습니다. 시간이 지나면 가격이 너무 높아져 겁을 먹고 발을 빼는 사람도 생기죠. 확신이 무너지면 가격은 폭락하고 거품은 터져나갑니다.

튤립 파동

1630년대 네덜란드의 중산층은 튤립에 열광했고, 이는 최초의 거품경제로 이어졌습니다. 네덜란드 정원에서 잘 자라는 선명한 색상의 터키산 튤립이 주목받으며 시작되었죠. 튤립은 순식간에 부유한 가정의 필수품이 되었고, 튤립 구근은 부르는 게 값이었어요. 그러던 어느 순간 구매자가 구근의 경매 가격을 거절하면서 튤립 거품은 붕괴했고, 엄청난 돈이 물거품이 되었습니다.

남해 거품 사건

1720년에 발생한 한 폭락 사건에서 '거품경제'라는 용어가 생겨났습니다. 영국 의회는 남해 회사에게 돈을 빌리며 겉보기에 대단한 남미무역 독점권을 주었어요. 남해 회사의 주가는 치솟았고 투자자들은 많은 돈을 벌었습니다. 신종 금융 기법도 빠르게 도입되었죠. 그러나 남미와의 무역은 일어나지 않았고, 많은 금융 기법이 무산되자 주가는 폭락했습니다.

❄ 거품이 터질 때

거품경제는 특정 제품이나 서비스를 생산하는
기업의 주식 매입 광풍이 불 때 생겨난다. 시장이
너무 과열되어 투자자들이 빠져나가기 시작하면
거품은 터지고 주가는 급격히 하락한다.

군중심리

1841년 스코틀랜드의 언론인인 찰스 맥케이는
거품경제가 '군중심리'로 생겨난다고 주장했습니다.
우르르 몰려가는 버팔로 무리처럼 사람들 역시
다른 사람의 행동에 휩쓸릴 수 있다는 것이죠.
거품경제가 언제 발생할지 예측하기 위해 대니얼
카너먼(Daniel Kahneman) 같은 행동경제학자와
심리학자는 군중의 행동을 연구합니다. 탐욕이나
두려움 같은 감정이 주식시장을 어떻게
이끄는지 파악하기 위해서죠.

사람들은 잘 알려진 것처럼 집단으로 생각하고 단체로 광기에 휩싸인다. 그리고 한 사람씩 천천히 정신을 차린다.

찰스 맥케이(Charles Mackay), 언론인이자 작가

닷컴 버블

21세기는 '닷컴 버블'의 붕괴로 시작되었습니다.
인터넷이 순식간에 비즈니스의 방식을 바꿀
것이라는 확신에 찬 투기꾼들은 새로운 전자상거래
회사들의 주식을 사기 위해 혈안이 되었어요.
어떤 회사들은 거래 이력도, 수입도 거의 없었는데
수십억 달러의 투자를 받았고, 주가는 급등했습니다.
그러나 그 가치는 모두 환상에 불과했어요.
닷컴 버블이 터지며 주가는 곤두박질쳤습니다.

2000년부터 2002년까지
인터넷 사업에 들어간
약 7조 달러의
투자금이 날아갔다.

시장이 제대로 기능하지 않을 때

일반적으로 시장은 재화와 서비스를 정말 필요로 하는 사람들에게 분배하는 좋은 방법으로 여겨집니다. 공급업체는 판매용 제품을 제공하고, 소비자는 이를 구매해 모두가 거래에서 이익을 얻죠. 그러나 시장이 언제나 이렇게 효율적으로 돌아가는 것은 아닙니다.

> **기후 변화는 역사상 가장 크고 광범위한 시장의 실패를 보여준다.**
>
> 니콜라스 스턴(Nicholas Stern), 경제학자

34-35, 48-49, 66-67쪽 참고

불꽃놀이 같은 불공정은 시장에서 공급되지 않는다.

불공정한 경기

시장이 정해진 대로 재화와 서비스를 나누지 못하는 데는 여러 가지 원인이 있습니다. 자유시장에서 시장의 실패는 피할 수 없죠. 시장은 정부의 간섭이나 규제 없이 자유로워야 한다고 주장하는 경제학자들조차 항상 그럴 수 없다는 사실을 인정합니다. 거래의 양쪽에 있는 구매자와 판매자가 항상 대등할 수 없는 것이 문제죠. 판매자는 구매자가 알지 못하는 제품 정보를 가지고 있을 수 있어요. 예를 들어 중고차 판매자는 차 수리비가 많이 발생할 것이라는 사실을 알지만 구매자가 사지 않기로 하거나 더 적은 금액을 제시할 때는 언급하지 않을 것입니다.

때로는 구매자가 우위를 점하기도 합니다. 구매자는 황폐한 농장 밑에 거대한 유전이 있다는 사실을 모르는 땅 주인에게 낮은 가격에 땅을 구입할

수도 있죠. 이러한 '비대칭 정보'나 불공정성은 모든 종류의 시장에 존재하며, 사람들은 당연히 이를 이용하려 할 것입니다. 따라서 정부는 시장의 공정성을 위해 정보 공개에 관한 규정과 일반인이 접근할 수 없는 정보를 사용하지 않도록 '내부자거래' 금지법을 부과할 때가 많습니다.

완전한 지배

다른 형태의 불공정은 시장에서 경쟁이 부족할 때 생겨납니다. 특정 재화에 한 판매자만 존재하는 독점 상

계산대

무임승차 ➡

불꽃놀이는 멀리서도 볼 수 있기 때문에 일부 사람들은 이미 비용을 지불한 사람들에게 '무임승차'할 수 있다.

태에서는 선택의 여지없이 판매자가 요구하는 가격을 내야 합니다. 여러 공급업체가 있다 해도 그들끼리 가격 경쟁을 하지 않기로 담합(카르텔)을 맺을 수도 있죠. 그러면 구매자는 원치 않게 더 많은 돈을 내야 하고, 판매자는 그로 인해 불공정한 이익을 취하게 됩니다.

누가 낼 것인가?

그러나 모든 시장의 실패가 분명하게 드러나지는 않습니다. 구매자와 판매자 모두 거래에 만족해도 누군가는 피해를 볼 수 있죠. 어떤 거래로 인해 관련이 없는 사람이 손해를 입거나 비용이 발생하는 것을 '외부효과'라고 합니다. 예를 들어, 당신이 전자 기타와 앰프를 구입하면 본인은 그 거래에 만족하고 물건을 판 가게도 이익을 얻겠죠. 그러나 가족과 이웃은 당신으로 인해 발생한 소음 때문에 괴로울 수 있어요. 넓은 범위에서 볼 때 기업은 소비자가 요구하는 제품을 생산하고, 이에 기업과 소비자 모두 이득을 얻습니다.

그러나 그 회사의 공장에서 배출되는 오염은 보통 공공 비용으로 정화하죠.

공공 비용과 관련된 시장의 실패를 더 살펴볼까요? 어떤 재화는 무료로 사용하는 것을 막기 어렵습니다. 예를 들어 불꽃놀이는 모두가 볼 수 있는 하늘에서 펼쳐지죠. 따라서 불꽃놀이를 감상하는 모든 이에게 표를 사라고 강요하긴 힘들어요. 불꽃놀이에 들어가는 비용도 회수하기 어렵죠. 이러한 문제를 '무임승차'라고 부릅니다. 그래서 가로등과 도로, 등대와 같은 공공재는 상업적인 기업이 아닌 정부가 제공합니다.

라틴어로 'Caveat emptor'는 '구매자가 확인하라'라는 의미다.

국가보조금

대부분의 국가는 납세자나 공기업을 통해 마련한 돈으로 공공재를 제공합니다. 또는 기업에 보조금을 주어 이익을 내기 힘든 청정에너지 같은 재화와 서비스를 공급하도록 장려하죠.

44-45, 48-49쪽 참고

세금 문제

정부는 국방과 교육 같은 서비스를 제공하면서
자국민을 돌봐야 합니다. 이를 위해 필요한 돈은
국민들이 내는 세금으로 충당하죠. 각 나라의 정부는
국민이 내야 하는 세금의 액수를 결정합니다.

세금은 국방, 치안,
교육, 의료, 복지
기반 시설 등에
쓰인다.

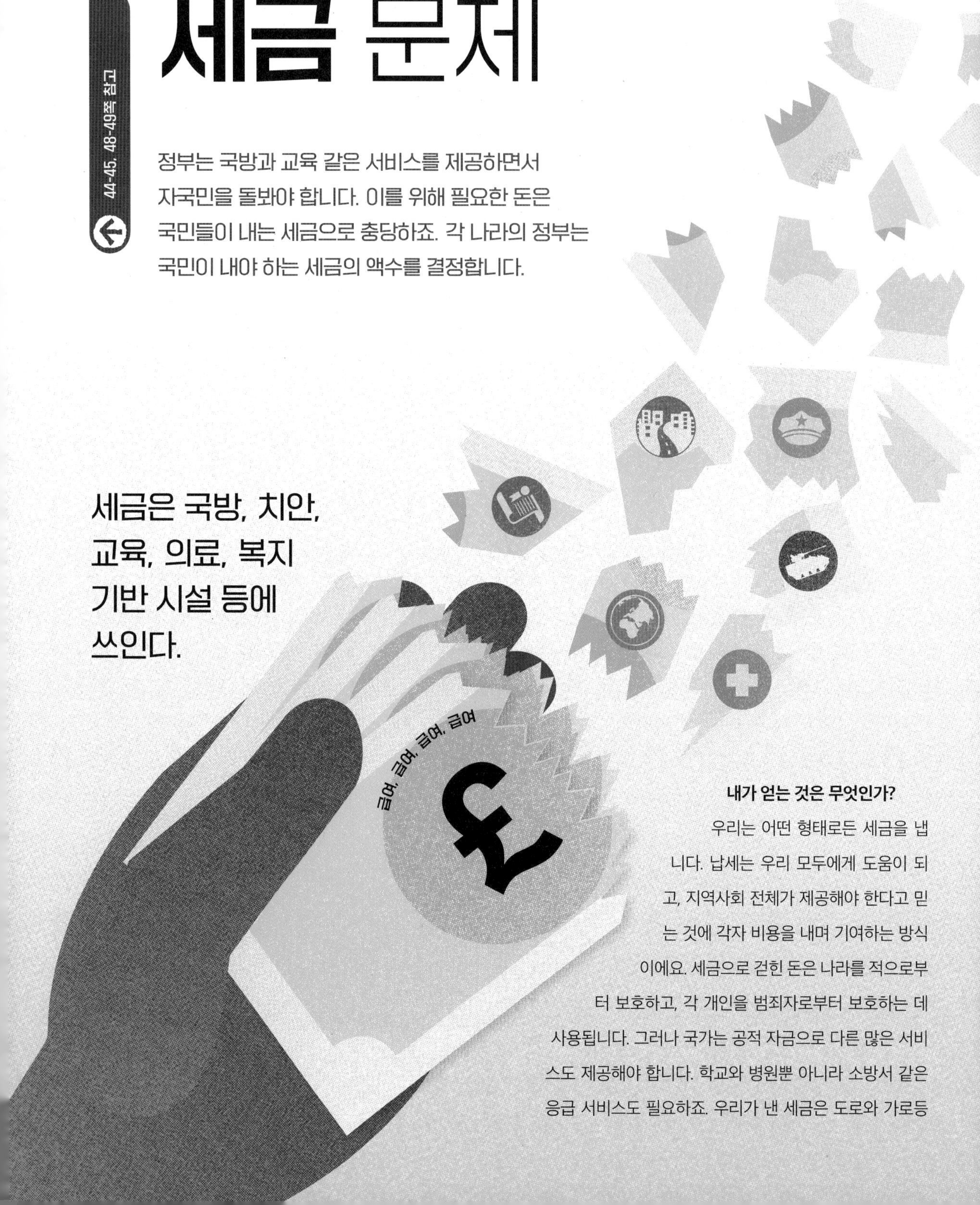

급여, 급여, 급여, 급여

내가 얻는 것은 무엇인가?

우리는 어떤 형태로든 세금을 냅
니다. 납세는 우리 모두에게 도움이 되
고, 지역사회 전체가 제공해야 한다고 믿
는 것에 각자 비용을 내며 기여하는 방식
이에요. 세금으로 걷힌 돈은 나라를 적으로부
터 보호하고, 각 개인을 범죄자로부터 보호하는 데
사용됩니다. 그러나 국가는 공적 자금으로 다른 많은 서비
스도 제공해야 합니다. 학교와 병원뿐 아니라 소방서 같은
응급 서비스도 필요하죠. 우리가 낸 세금은 도로와 가로등

세금 납부
우리는 번 돈의 일부를 정부에 세금으로
낸다. 세금은 사회 전체에 이익이 되는
공공 서비스 제공에 사용된다.

이 세상에서 가장 이해하기 어려운 것이 소득세다.

알베르트 아인슈타인(Albert Einstein), 물리학자

같은 사기업이 수익을 낼 수 없는 공공재 비용에 쓰이기도 합니다. 정부가 제공하는 재화와 서비스의 범위는 나라마다 달라요. 어떤 정부는 많은 세금을 빈곤층과 장애인, 실업자를 위한 혜택과 노년층을 위한 연금 같은 복지에 사용합니다. 모든 이가 누릴 수 있는 의료 시스템을 제공하기도 하죠. 반면 정부의 지출과 세금을 최소한으로 유지하기 위해 필수적인 서비스만 제공하는 나라도 있습니다.

세는 개인이 소유한 부나 재산의 금액을 기준으로 매겨져요. 소득세와 같은 직접세는 보통 누진적 구조로, 돈이 많을수록 내야 하는 세금의 비율도 커집니다. 반면 재화와 서비스의 가격에 붙는 간접세도 있습니다. 간접세는 역진적 구조로, 가난한 이들이 부자보다 자기 소득 대비 더 큰 비율을 세금으로 내게 되기 때문에 불공평하다는 비판을 받고 있습니다.

> 1799년 영국의 총리였던 윌리엄 피트(William Pitt)는 프랑스와의 전쟁 자금을 조달하기 위해 최초의 누진 소득세를 부과했다.

공정성

세금을 부과하는 것은 공공재와 서비스를 제공하기 위해서만이 아닙니다. 정부는 특정 상품에 세금을 붙여 시장에 영향을 줄 수 있어요. 예를 들어 환경을 오염시키는 산업의 상품에 세금을 부과하면 가격은 더욱 비싸지므로 생산자와 구매자는 대안을 찾게 될 것입니다. 또한 많은 정부가 건강한 생활 습관을 장려하기 위해 술과 담배 같은 종류에 세금을 붙입니다. 마찬가지로 재생에너지와 같이 바람직하게 여겨지는 제품을 생산하는 기업에는 낮은 세율을 적용할 수 있죠.

정부가 세금으로 걷는 수익을 높이는 다른 방법도 있습니다. 개인 소득의 일정 비율을 내는 소득세나 기업이 이익을 얻어 정부에 내는 세금이 이에 해당합니다. 다른 형태의 직

무거운 짐

대부분의 사람은 공공 서비스 비용의 개념에는 동의하지만, 세금은 부담으로 여깁니다. 자유시장을 선호하는 경제학자들은 필수 서비스를 제외한 모든 것은 사기업이 제공할 수 있으며, 높은 세금은 시장을 방해한다고 주장합니다. 미국의 경제학자 아서 래퍼(Arthur Laffer)는 더 낮은 세금이 비즈니스를 촉진하며, 정부 역시 높을 세율을 매길 때보다 많은 수익을 거둘 수 있다고 강조했습니다. 반면 많은 좌파 경제학자들은 시장에는 규제가 필요하며, 세금이 자유시장의 불공정성을 어느 정도 해소한다고 주장합니다.

참고 001-101, 118-119쪽

→

이 세상에서 확실한 건 죽음과 세금뿐이다.

벤자민 프랭클린(Benjamin Franklin), 정치인

절세 법은 모든 사람이 자기 몫의 정당한 세금을 내게 합니다. 자신의 소득을 감추는 탈세는 불법이죠. 자신의 의무 이상으로 돈을 더 내고 싶은 사람은 없을 것입니다. 이에 많은 사람이 세금 납부를 피하는 합법적인 방법을 찾기도 하고, 매우 낮은 세율을 적용하는 나라인 조세피난처에 법인을 등록하기도 합니다.

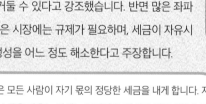

미래에는

시장에서 재화의 가격은 수요와 공급의 변화에 따라 오르락내리락합니다. 원자재가 필요한 기업은 당연히 가격이 낮을 때 사고 싶을 거예요. 그러나 원자재는 공급업체에 몇 개월 전에 주문을 넣어야 할 때가 많습니다. 그 시점의 가격으로 비용을 계산한다면 원자재 가격이 내려가는 경우에는 손해, 가격이 올라가는 경우에는 이득인 것이죠.

베팅하라

석유, 금속, 밀 같은 원재료는 판매자와 구매자가 가격을 합의하는 원자재 시장에서 거래됩니다. 한 석유 시추 회사가 배럴당 일정량의 원유를 정유공장에 공급하기로 했다고 가정해봅시다. 시장에서는 돈을 내고 물건을 바로 집에 가져갈 수 있지만 석유는 구매자가 바로 사용할 수 있게 존재하지 않습니다. 다른 나라에 있을 수도 있고, 아직 땅 속에 있을 수도 있죠. 또한 양측은 이 시점에 돈을 주고받지 않습니다. 구매자는 향후 정한 날짜에 일정량의 석유에 대해 합의한 가격을 지급하기로 약속하고, 판매자는 그 가격으로 해당 석유량을 공급하기로 약속하죠. 이렇게 맺는 계약을 '선도계약', 또는 간단히 '선도'라고 부릅니다. 거래가 실제로 완료되기까지 몇 개월이 걸릴 수도 있으므로 구매자와 판매자 모두 석유의 미래 가격이 오를지 내릴지에 베팅하는 셈입니다. 운송과 결제가 이루어지기 전에

파생상품의 가치는 거래되는 실제 자산의 가치보다 높을 때가 많다.

석유의 공급이나 구매 계약은 다른 판매자나 구매자에게 팔릴 수도 있습니다. 구매자는 공급을 계약한 주체가 누구든 구매하기로, 판매자는 구매를 계약한 주체가 누구든 석유를 제공하기로 합의하는 것이죠. 선도계약의 양측은 원계약에서 실제 완료되는 날까지 여러 차례 바뀔 수도 있습니다.

약속, 또 약속

선도계약은 '선물시장'으로 알려진 시장에서 거래됩니다. 원자재가 아니라 구매와 공급의 약속을 사고파는 것이죠. 이러한 약속은 원자재에서 그 가치가 파생했기 때문에 '파생상품'이라고도 불립니다. 외환시장의 딜러도 정해진 날짜에 정해진 환율로 통화를 사고팔기로 약정한 선도계약을 맺는데, 이 또한 거래가 가능합니다. 파생상품은 구매자와 판매자 간의 계약이 있다면 매매가 가능한 거의 모든 것에서 만들 수 있습니다.

> ## 파생상품은 금융시장의 대량 파괴 무기다.
>
> 워런 버핏(Warren Buffett), 기업가이자 투자자

판매자가 미래의 거래 조건에 동의하면 구매자와 판매자가

어떻게 될까?

양측은 향후 가격이 어떻게 될지 예측하려 애쓴다.

> **신용부도 채무증권과 파생상품을 이해할 수 있는 것은 워런 버핏과 그 상품을 만든 컴퓨터뿐이다.**
>
> 리처드 둘링(Richard Dooling), 작가

행운

특이하게도 은행과 대출받은 사람 간의 계약도 사고팔 수 있는 파생상품으로 여겨집니다. 대출은 원자재를 사고파는 선도계약처럼 일정 시기까지 갚아야 하는 계약이에요. 따라서 은행은 이러한 부채를 '금융상품'으로 팔 수 있습니다. 파생상품 그 자체도 거래가 성사되면서 판매자와 구매자가 계약을 맺습니다. 점점 더 복잡해지는 시장에서 파생상품의 파생상품이 탄생하는 것이죠. 이러한 파생상품의 매매는 경제학자에게도 혼란스러울 수 있지만 기본 개념은 간단합니다. 미래의 정해진 날짜에 사고파는 계약을 맺은 양측은 합의한 금액이 자기 쪽에 유리하거나 최소한 동일하게 유지되길 바랍니다.

공매도

파생상품 거래자는 가격이 하락할 때도 돈을 벌 수 있습니다. 바로 '공매도' 때문이죠. 예를 들어 어떤 사람이 100주를 빌리고(구매가 아님) 각 주를 10달러에 팔아 1,000달러를 벌었다고 가정해봅시다. 만약 주당 5달러로 주가가 내려가면 그는 500달러에 주식을 다시 사들입니다. 그런 다음 주식과 수수료를 더해 대출기관에 반환해도 차액 500달러를 가지는 셈이죠.

위험한 사업

74-75, 78-79쪽 참고

시장은 기복이 있고, 가격은 수요와 공급에 따라 오르락내리락합니다.
미래에 어떤 일이 일어날지 확신할 수도 없죠. 그러나 시장의 거래자는
자신의 예측으로 무엇을 사고팔 것인지 결정하고 어느 정도까지
위험을 감수할 것인지 결정해야 합니다.

내일은 무슨 일이 일어날까?

삶이 다 그렇듯 모든 경제 활동에는 불확실성과 위험
이 따릅니다. 예를 들어 음악 축제에 가는 표를 구입
한다고 가정해봅시다. 몇 개월 전에 표를 예매해야 하
는데 원하는 밴드가 공연에 참여할지
는 미지수이며, 날씨가 너무 좋지 않
으면 축제가 취소될 위험도 있죠. 기
업이 미래를 계획할 때도 비슷한 결
정을 내려야 합니다. 경제학의 관점
에서 위험과 불확실성은 다릅니다.
미래는 예측하기 힘듭니다. 먼 미래는
더욱 그렇죠. 지금부터 5년 안에 어떤 기술이
발전할지, 올해 쌀농사를 완전히 망칠 병이 발생할지
알 수 없어요. 미래는 불확실하고, 그러한 불확실성이

> 일상 용어로
> 위험은 나쁜 일이 일어날
> 가능성을 뜻하지만,
> 경제학자에게는 좋은 일도,
> 나쁜 일도 될 수 있다.

오늘날 우리가 내리는 결정에 어떤 영향을 미
칠지는 미지수입니다.

낮은 위험과 높은 위험

그러나 우리가 어느 정도 자신 있게
예측할 수 있는 것들이 있습니
다. 특히 가까운 미래는 그렇
죠. 예를 들어 한 카페에 단
골손님도 있고 그 수가 꾸
준히 늘고 있다면 손님은 일
정 기간 계속 증가할 것입니다.

그리고 겨울옷을 만드는 회사는 매
년 여름이 끝나갈 무렵부터 매출이 상승한다
는 것을 알고, 올해도 그럴 가능성이 높습니
다. 두 경우 모두 다른 일이 발생할 위험성은
매우 낮죠.

그러나 사업 계획은 높은 위험이 수반될 수
있습니다. 한 회사가 따뜻하고 건조한 여름이
될 것이라는 예측에도 불구하고 봄에 다양한
비옷을 생산한다는 고위험 결정을 내렸다고
가정해봅시다. 날씨가 예측대로라면 회사는
비옷 대신 수영복을 팔아 벌 수 있던 돈을 잃
는 셈이죠. 그러나 여름 내내 비가 많이 내린
다면 날씨에 맞는 옷을 제공하는 유일한 업체

불마켓과 베어마켓

주식과 채권시장에서 가격이 오를 것이라고 예측하는 사람을 '황소(Bull)'라고 표현
합니다. 이와 반대로 가격이 내려갈 것이라고 예측하는 사람을 '곰(Bear)'이라고 표
현하죠. 따라서 불마켓(강세장)은 가격이 꾸준히
상승하는 시장, 베어마켓(약세장)은
가격이 하락하는
시장을 의미
합니다.

> 남들이 겁먹을 때는 욕심을
> 내라. 남들이 욕심을 부릴 때는
> 두려워해라. 이것이 월스트리트에서
> 부자가 되는 비결이다.
>
> 워런 버핏

86-87, 142-143쪽 참고

인 만큼 많은 돈을 벌 거예요. 따라서 기업은 상품 출시나 다음 시즌을 위한 자재 구매를 계획할 때 시장 동향을 살펴보고 어느 정도까지 위험을 감수할지 판단합니다. 마찬가지로 기업의 투자자들은 주식을 살지 말지 결정할 때 매출은 증가 추세인지, 주가는 올랐는지 등과 같은 회사의 기록을 살펴볼 것입니다.

확신

어떤 시장이든 과거의 정보는 거래자가 미래를 예측하는 데 중요한 역할을 합니다. 이를 통해 사고파는 결정을 내릴 때 어느 정도의 위험이 따르는지 가늠할 수 있죠. 시장의 미래 동향에는 많은 요소가 영향을 미치기 때문에 위험 수준을 산정하기란 어려울 수 있습니다. 이에 수학 공식과 컴퓨터 모델링을 사용하기도 해요. 그러나 이렇게 정교한 기법들도 모든 가능성을 반영하지는 못하고, 전적으로 그 예측을 신뢰할 수도 없습니다. 오직 직감만으로 경제적 결정이 내려질 때도 많죠. 숙련된 거래자는 종사하는 시장에서 '감'을 쌓고 과거 경험으로부터 얻은 기업에 대한 확신과 다른 거래자의 동향을 살핍니다.

증권거래소에서 기업의 주가는 실제 성과뿐 아니라 사람들이 그 회사에 가지는 확신이 중요하게 작용합니다.

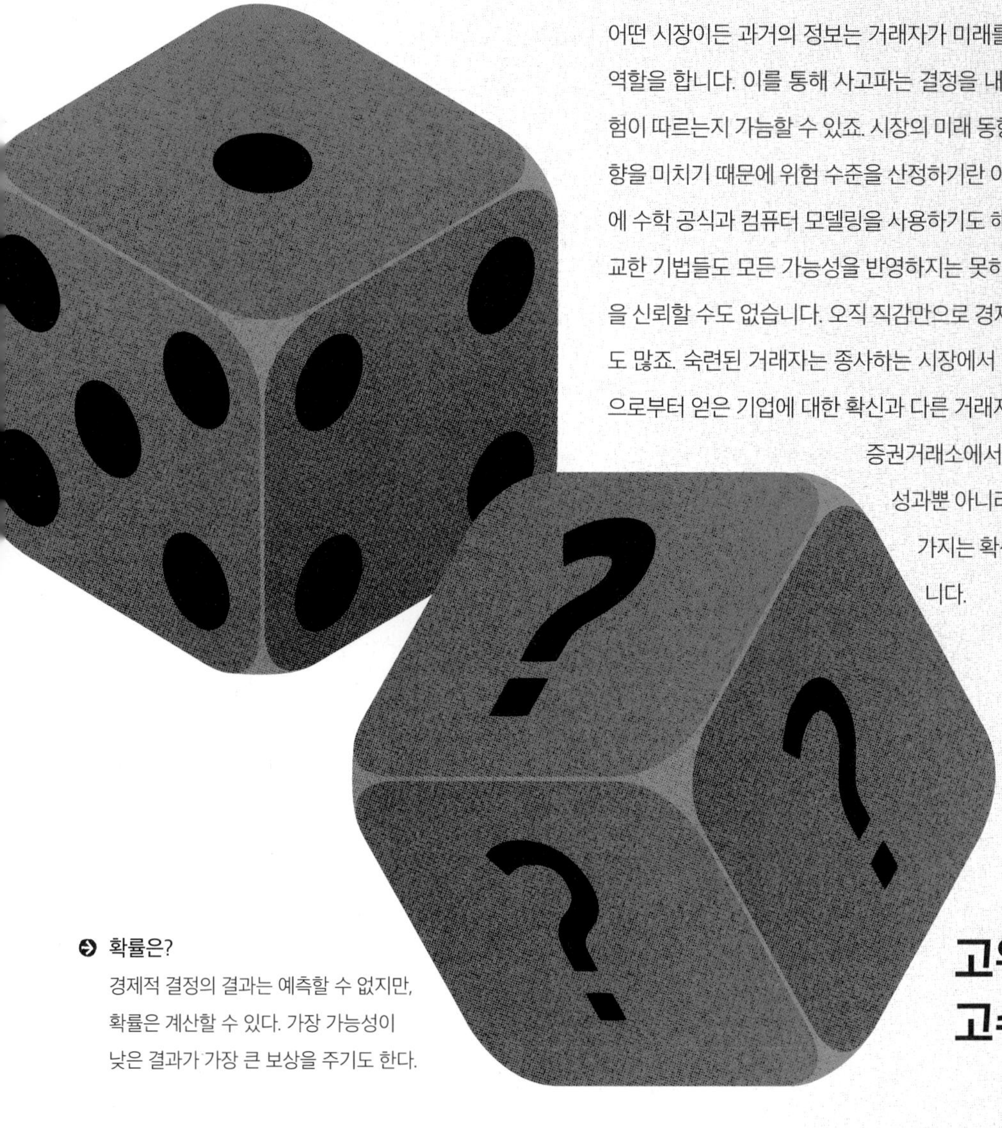

→ 확률은?
경제적 결정의 결과는 예측할 수 없지만,
확률은 계산할 수 있다. 가장 가능성이
낮은 결과가 가장 큰 보상을 주기도 한다.

고위험,
고수익

도박 같은

'증권'이라 불리는 금융상품이 거래되는 세계 금융시장은 카지노와 같습니다. 구매자와 판매자는 미래의 가치에 도박을 걸죠. 안전한 상품도 있지만 위험한 상품도 있습니다. 트레이더들은 승산 확률을 산정하는 방법과 위험을 최소화할 방법을 정교하게 개발해왔습니다.

50-51쪽 참고

금융상품이란?

다른 시장과 마찬가지로 금융시장에서도 구매자와 판매자 간에 거래가 일어납니다. 그러나 거래되는 금융상품의 특성상 이해가 쉽지 않을 수 있어요. 우선 금융상품은 눈에 보이거나 만질 수 있는 재화가 아니라 기업의 주식이나 정부가 발행한 채권 같은 무형의 상품이죠. 또한 구매자는 구매한 모든 항목에 채권과 주식 증서처럼 소유권을 증명해주는 문서만 받습니다. 금융상품 증서로 알려진 이러한 서류는 구매자와 판매자 간의 약관을 담고 있습니다.

> '민스키 모멘트'라는 용어는 1998년 러시아 금융위기의 발단을 설명하며 처음 사용되었다.

안전하고 확실한가?

공개적으로 거래되는 금융상품이나 '증권'은 보통 세 가지 유형입니다. 우선 회사의 주식이 있어요. 기업은 주식시장에서 주식을 판매해 자금을 조달합니다. 이 주식을 산 사람은 그 회사의 일부를 사실상 소유하게 되는 것이죠. '지분'이라고도 부르는 주식 보유량의 가치는 회사가 얼마나 많은 이익을 내는지에 따라 달라집니다. 또 다른 금융상품은 기업과 정부가 발행하는 채권인 '채무증권'입니다. 채권 구매자는 그 기업의 주식을 산다기보다 사실상 채권 발행인에게 돈을 빌려주는 것입니다. 채권이란 특정 날짜에 합의한 이자를 더해 대출을 갚겠다는 증서이죠. 좀 더 복잡한 금융상품인 선도계약이나 기타 파생상품도 금융시장에서 거래됩니다.

민스키 모멘트

미국의 경제학자 하이먼 민스키(Hyman Minsky)는 경제 안정기에 과도한 자신감을 얻은 거래자들이 가격이 계속 오를 것이라는 믿음으로 더 큰 위험을 감수한다고 주장했습니다. 그리고 불가피하게 확신을 가졌던 투자가 헛된 것으로 판명나고 채무자는 빚을 갚지 못해 경제위기가 발생하는 '민스키 모멘트'가 도래했죠.

무엇이 위험한가?

물론 이러한 증권의 가치는 시장에서 거래되는 다른 제품과 마찬가지로 상승할 수도, 하락할 수도 있습니다. 규모가 크고 안정적인 회사의 주식이나 국채는 적절한 이득을 안겨줄 안전한 베팅일 가능성이 높죠. 위험 요소가 더욱 많은 증권을 사면 높은 이익을

금융상품

얻을 수도 있지만 이는 모험입니다. 금융시장의 트레이더들은 정보 기술의 발전을 활용해 증권 구매 시 위험성을 측정하는 새로운 방법들을 찾았습니다. 그리고 경제학보다는 수학이나 물리학 교육을 받은 재무분석가(애널리스트)를 고용하기 시작했죠. 목표는 시스템을 이기고 이익을 내는 안전한 방법을 찾는 것입니다.

분석가들은 채무증권에서 파생한 새로운 금융상품을 만들었습니다. 은행이 아직 평판을 쌓지 못한 기업이나 직장이 탄탄하지 않은 개인에게 대출해주는 것도 이러한 상품에 포함될 수 있어요. 이는 차용인이 대출금을 갚지 못할 수도 있기에 은행에는 위험한 자산입니다. 그러나 이러한 대출 중 일부

❷ **투자의 확장**
일부 투자 상품의 높은 위험성은 국채 같은 안전한 옵션과 묶여 가려질 수 있다.

를 더 안전한 대출과 합쳐 '묶음' 형태의 채무증권을 판매할 수 있습니다. 트레이더는 여러 패키지를 함께 묶고 일부를 판매하며 훨씬 더 복잡한 금융상품을 만들기도 합니다.

숨겨진 위험

이러한 '금융공학'은 상당한 부채가 미상환되지 않는 한, 그 도박이 승리하는 안전한 상품처럼 보일 수 있습니다. 안타깝게도 재무분석가만큼의 수리 능력이 없는 거래자는 자신감에 넘쳐 위험을 과소평가하는 경향이 있습니다. 도박꾼이 연승을 거둔 뒤 무모해지는 것과 같죠. 그리고 부채를 손쉽게 팔 수 있다는 사실에 고무된 대출기관은 훨씬 더 위험한 대출을 해주기도 합니다.

90-91, 126-127쪽 참고

금융상품의 거래는 그 미래가치에 거는 도박이다.

초인플레이션

전쟁 같은 위기는 한 나라를 초인플레이션의
소용돌이로 몰아넣을 수 있습니다. 가격이 1년에
수백, 아니 수천 퍼센트까지 치솟는 것이죠.
사람들은 돈의 가치가 낮아지기 전에 서둘러
사용하고, 통화의 가치는 점점 쓸모없어집니다.
초인플레이션은 정부가 부족한 수익이나
보유 자금을 메우기 위해 돈을 찍어내면서
시작되는 경우가 많습니다.

바이마르 사태

1921~1924년 바이마르공화국(지금의 독일)은 치명
적인 초인플레이션을 겪었습니다. 바이마르 정부는
막대한 양의 금을 전쟁배상금에 사용한 뒤 공공 비용을
보유하기 위해 엄청나게 많은 돈을 발행하기 시작했죠.
그 결과 통화(마르크)의 가치는 하락하고 물가는
크게 상승했습니다. 1923년 물가상승률은
매달 30,000%에 달했고, 가격은
하루걸러 두 배씩 뛰어
올랐습니다.

> ## 인플레이션은
> ## 노상강도처럼 폭력적이고,
> ## 무장강도처럼 무섭고,
> ## 저격수처럼 치명적이다.
>
> 로널드 레이건(Ronald Reagan), 전 미국 대통령

엄청난 액수의 지폐

초인플레이션은 가격이 천문학적으로 상승하고,
정부는 더 큰 가치의 지폐를 발행하며 보조를 맞추려
애쓰는 상태입니다. 1922년 독일 바이마르에서 가장
높은 가치를 지닌 화폐는 5만 마르크였습니다. 이듬해
에는 100조 마르크가 되었죠. 낮은 액면가의 지폐는
가치가 너무 없어져 벽지를 사는 것보다 지폐로
방을 도배하는 것이 더욱 저렴할 정도였어요.

2015년 기준,
미국 1달러를 사기
위해선 35,000조의
짐바브웨 달러가
필요하다!

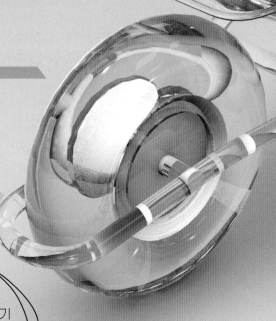

수레에 가득한 돈

정부는 격변과 혼동의 시기가 지나면 소비를
촉진하기 위해 더 많은 돈을 발행한다. 안타깝게도
이는 초인플레이션을 초래하고, 놀라운 속도로
가격이 폭등하는 결과로 이어질 수 있다.

희생자

초인플레이션으로 가장 큰 타격을 받은 이들은
하층민이었습니다. 부자들은 외화를 사들여
살아갔고, 노동조합에 속한 독일 바이마르의
근로자들은 물가에 맞는 더 높은 임금을 요구할 수
있었죠. 그러나 농부나 사무직 근로자 같은
노동자들은 치솟는 물가에 훨씬 못 미치는 임금을
받았어요. 그리고 저축과 연금으로 생활하는
사람들에게도 돈의 가치 하락은 재앙이었습니다.

4 000 000
6 000 000
12 000 000
50 000 000

짐바브웨

짐바브웨는 1990년대 후반부터 10년 동안 역사상
최악의 초인플레이션을 겪었습니다. 초인플레이션은 민간
농장의 몰수로 농산물 생산량이 감소하자 정부가
이에 대응하려 돈을 찍어낸 직후부터 시작되었죠.
얼마 안 가 상점들은 하루에도 여러 차례 상품의
가격을 바꾸었고, 지폐 가치가 너무 하락해
사람들은 돈을 손수레에 가득 싣고 시장에
나가야 했습니다. 2008년 11월에는
인플레이션이 796억%라는 엄청난
수치까지 치솟았습니다.

욕심은 좋은가?

애덤 스미스는 시장이 작동하는 방식을 설명하며 이렇게 말했어요. "우리가 저녁을 먹을 수 있는 건 정육점과 양조장 주인, 제빵사의 선행 때문이 아니다. 그들이 자신의 이익을 추구해 가능한 것이다." 그의 말에 따르면 모든 사람이 자기 이익을 위해 행동하면 전부 혜택을 얻을 수 있습니다. 그러나 이기적인 것이 정말 괜찮은 걸까요?

> **사회는 욕심이 가장 적은 피해를 주는 방식을 찾느라 고민한다. 자본주의는 이에 맞는 시스템이다.**
>
> 밀턴 프리드먼

내가 우선이야

우리는 어떤 재화와 서비스를 어느 정도 가격에 살지 결정할 때 자신을 위한 최상의 거래를 하려 노력합니다. 그러지 않는 게 어리석은 것이죠. 생산자 역시 재화와 서비스를 단지 사람들의 혜택을 위해 제공하진 않습니다. 자신의 이익을 위해 가능한 최고의 가격을 받으려 할 거예요. 시장의 모든 이들은 자기 이익을 위해 행동합니다. 자유시장을 지지하는 경제학자들은 그 결과, 우리 모두 혜택을 얻는다고 주장합니다. 생산자는 상품을 팔아 이윤을 남기고, 구매자는 자신이 필요로 하고 원하는 것에 대해 공정한 가격을 내는 것이죠. 그리고 이익을 지키기 위한 경쟁은 생산성과 혁신을 이끌어 새롭고 더 좋은 제품을 저렴한 가격에 제공하게 됩니다. 따라서 경제학자들은 자신의 이익 추구가 이롭다고 주장합니다.

46-47, 54-55쪽 참고

더 큰 몫

그러나 많은 사람이 시장의 작용 방식을 그리 낙관적으로 보지 않습니다. 여러 기업의 행태는 이익을 추구하기보단 탐욕스럽고 공격적으로 보이죠. 욕구가 충분히 채워지지 않는다고 불행해하는 이들은 다른 사람의 욕구와 필요는 무시한 채 더 많이 가지려는 유혹에 빠지기 쉽습니다. 탐욕스러운 기업과 소비자는 공정한 몫 이상을 취하려 하고, 다른 이들을 희생시켜가며 부를 얻습니다. 이러한 불공정은 자유시장에서 불가피한 일일 거예요. 자유시장은 사람들이 자기 이익을 위해 행동하고 최상의 거래를 위해 경쟁하게끔

이기심은 나쁜가? 아니면 결국 모두에게 이득인가?

합니다. 어느 정도는 가장 이기적인 사업이 가장 큰 성공을 거둘 것입니다. 욕심은 기업에도 도움이 되는 것처럼 보이죠.

불확실

그러나 사회 전체에는 그다지 좋지 않습니다. 욕심은 도덕성과 별개로 경제에 부정적인 영향을 미칩니다. 탐욕스러운 기업은 많은 돈과 힘으로 경쟁자를 몰아내고 시장을 지배하는 독점을 형성하기도 합니다. 생산자가 제품의 품질보다 이익을 우선시할 경우 소비자는 손해를 볼 수도 있습니다. 그리고 기업의 관리자가 이익을 빨리 회수하기 위해 불필요한 위험을 택할 경우 회사는 망할 수도 있습니다. 또한 다른 사람의 희생으로 일부가 돈을 버는

> "탐욕은 좋은 것이다.
> 탐욕은 옳고, 효과적이다."
> 고든 게코(Gordon Gekko),
> 영화 〈월 스트리트〉의 주인공

것은 도덕적인 문제뿐 아니라 더 큰 불평등을 초래해 장기적으로 경제에 좋지 않죠.

하지만 가장 큰 문제는 기업이 이러한 이기심으로 환경을 훼손하고 모두에게 끔찍한 결과를 초래하는 재화와 서비스를 생산할 수 있다는 것입니다. 이러한 이유로 정부는 때때로 기업과 시장을 규제합니다. 기업의 이익뿐 아니라 소비자와 사회 전체의 이익을 생각하며 운영하게끔 하는 것이죠. 많은 사회주의 경제학자는 탐욕은 그저 조짐일 뿐이며, 문제는 경쟁시장 자체에 있다고 주장합니다. 카를 마르크스는 경쟁시장을 버리고 국민이 소유하고 운영하는 산업으로 대체해야 한다고 주장했습니다. 덜 극단적인 이들은 협동조합을 지지해왔습니다. 협동조합은 조합원과 해당 사업의 근로자, 소비자가 공동의 이익을 추구하며 소유하고 운영하는 형태입니다.

← 성자인가, 죄인인가?

부유한 사업가는 이기적이라 여겨질 수 있다. 그러나 사업가는 가치 있는 재화나 서비스를 생산하고 대우가 좋은 일자리를 제공하면서도 상업적으로 성공할 수 있다.

내부자거래

주식시장에서 거래자는 주가에 영향을 미치지만 고객은 모르는 회사의 기밀 정보를 얻기도 합니다. 그러면 가격이 내려가기 전에 주식을 매도하거나 올라갈 걸 알고 매수할 수도 있을 거예요. 그러나 이러한 종류의 '내부자 거래'는 많은 나라에서 법으로 금지되어 있습니다.

80-81, 82-83쪽 참고

"강력히 추진됐잖지."

올바른 결정

경제학의 많은 이론은 실제 일어나는 방식보다는 이상적인 세계에서의 작용 방식에 기초합니다. 그러나 행동경제학이라는 새로운 분야는 실제 세계에서 경제적 결정이 어떻게 내려지는지를 연구합니다. 경제학과 더불어 인간의 행동을 연구하는 것이죠.

"좋은 투자 같아."

"실패는 없어."

"느낌이 좋아."

많은 경제 이론은 의사결정이 합리적으로 내려진다고 가정한다.

"괜찮을 거야."

"지난번에도 잘됐어."

"잘될 거란 느낌이 왔어."

경제인

경제 이론은 사람들이 모든 장단점을 따져본 뒤 이성적으로 경제적 결정을 내린다고 가정합니다. 이러한 이론은 일종의 이상적인 '경제인'을 기반으로 하죠. 이 이상적인 경제인은 물건 구입과 판매, 저축과 투자를 결정하는 우리 모두의 행동 방식을 보여줍니다. 또한 필요한 정보를 전부 얻을 수 있어 논리적으로 결정을 내리죠. 그러나 이러한 사람은 존재하지 않아요. 실제 인간은 순전히 이성적이고 계산적으로만 행동하지 않죠. 일부 경제학자는 특정 방식으로 의사를 결정해야 한다고 주장하기보다 실제로 인간이 어떻게 결정을 내리는지 알고자 했습니다.

충분히 좋은 결정

행동경제학 분야의 선구자 허버트 사이먼(Herbert Simon)은 20세기 후반 경제학 연구에 심리학과 사회학, 컴퓨터 과학의 개념을 도입했습니다. 그는 경제적 문제나 선택에 직면할 때 사람들이 항상 모든 가능성을 고려한 후 논리적으로 결정을 내리지 않는다는 데 주목했습니다. 우리가 이성적으로 행동하지 않는 것이 아니라 소위 사이먼이 말하는 '제한적 합리성' 때문이죠. 그에 따르면 인간은 생각할 것이 너무 많고, 경제적 문제는 여러 변수가 있습니다. 그리고 일반적인 인간이 컴퓨터처럼 모든 정보를 논리적으로 처리할 수는 없죠. 대신 우리는 경험이나 '휴리스틱(어림짐작)'으로

대니얼 카너먼(Daniel Kahneman, 1934~)

경제학자보다는 심리학자에 가까운 대니얼 카너먼은 의사결정에 관한 연구로 2002년에 노벨경제학상을 공동 수상했습니다. 그는 이스라엘의 텔아비브에서 태어나 파리에서 자랐습니다. 1948년에 새롭게 세워진 이스라엘에서 심리학을 공부했고, 오랜 동료인 아모스 트버스키(Amos Tversky)와 함께 이스라엘과 미국의 대학에서 연구를 했습니다.

내리기

> **룰렛에 빨간색이 연달아 나오면 사람들은 이제 검은색이 나올 것이라고 착각한다.**
>
> 대니얼 카너먼, 아모스 트버스키

마음의 결정

우리는 보통 결정을 내릴 때 합리적 사고보다 직관에 따라 행동한다. 그것이 더 쉽고 빠른 방법이며, 때로는 우리가 원하는 결과를 주기 때문이다.

결정을 내립니다. 이는 이상적인 해결은 아니지만 '충분히 좋은' 결정이 될 수도 있습니다.

그러나 우리는 일어날 수 있는 진짜 확률을 고려하지 않는다.

현실의 직시

허버트 사이먼의 연구는 경제학과 심리학의 연관성을 보여주었고, 대니얼 카너먼과 아모스 트버스키는 이 개념을 더욱 발전시켰습니다. 그들의 연구는 원래 일반적인 의사결정에 관한 것이었지만 우리가 경제적 결정을 내리는 방식과 특히 관련이 깊었습니다. 사이먼과 마찬가지로 카너먼과 트버스키는 우리가 모든 선택을 검토하기보단 개인적인 경험이나 들은 이야기 같은 불완전한 정보를 바탕으로 결정을 내리는 경향이 있다고 말했습니다. 그저 빨리 결정하고 싶어 잘못된 가정을 하거나 직관과 예감, 바라는 대로 행동하는 경우가 많은 것이죠.

그리고 우리의 판단은 때때로 틀립니다. '도박사의 오류'를 예로 살펴볼게요. 동전을 던질 때 뒷면이 10번 연속해서 나오면 대부분의 사람은 다음번에 앞

> 가격이 다른 세 가지 유사 제품 중에서 한 가지를 선택해야 할 때, 대부분의 사람은 중간 가격의 제품을 선택한다.

면이 나올 가능성이 더 높다고 생각합니다. 그러나 사실 과거에 무슨 일이 일어났든 확률은 여전히 반반이에요. 조금만 깊이 생각해보면 알 수 있죠. 카너먼에 따르면 우리에게는 이성적 사고 능력이 있지만, 직관이나 감정에 따라 결정을 내리는 것이 더욱 빠르고 쉽다고 합니다. 행동경제학에 관한 이 연구로 경제학자들은 '경제인'의 완벽한 이성적인 행동과 경제분석가의 계산, 컴퓨터 모델링에 기반을 둔 이론이 실제 세계에서 경제가 작동하는 방법을 완전하게 보여주지 못한다는 사실을 깨닫고 있습니다.

132-133, 142-143쪽 참고

2007~2008년 금융위기

2008년 9월 대형 투자 은행인 리먼 브라더스가 파산하며 전 세계에 충격을 주었습니다. 이 몰락은 1930년대 대공황 이후 많은 경제학자가 최악으로 꼽는 금융위기의 서막이었습니다. 다른 여러 은행은 정부의 구제금융으로 겨우 살아남았죠. 이때 많은 사람이 집과 일자리를 잃었고, 1년간 세계시장은 침체에 빠졌습니다.

위기의 원인

위기의 원인에 관한 경제학자들의 의견은 분분합니다. 그러나 시발점 중 하나는 미국 '서브프라임 모기지'의 실패였죠. 이는 신용도가 낮은 채무자에게 돈을 빌려주는 주택담보대출이었습니다. 이러한 담보 대출의 묶음은 은행 간 대출 자금을 모으는 큰 은행의 금융 '공학자'에게 넘겨졌죠. 문제는 몇몇 채무자가 대출금 상환을 하지 못하자 은행 간 대출 시스템이 카드로 만든 집처럼 순식간에 무너진 것입니다.

은행위기 ➜

2007년과 2008년에 여러 은행이 파산하면서 전 세계적인 금융위기가 시작되었다. 수조 달러가 손실되었고, 정부는 다른 은행의 파산을 막기 위해 개입했다.

부채 꾸러미

많은 사람이 다양한 규제가 풀어진 1980년대에 은행 규제 역시 완화되어 '금융공학'에 현혹되기 시작했다고 말합니다. 은행은 대출을 증권으로 사고팔면서 돈을 벌기 위해 정교하고 위험한 계획을 짜고 복잡한 부채의 사슬을 만들었습니다. 사실상 손실을 막을 보유 자금 없이 막대한 금액을 도박한 것이죠. 그리고 금전적인 배임 사건들이 잇따라 발생했습니다.

망하기엔 너무 거대한

주요 은행이 무너질 위기에 처하자 정부가 개입했습니다. 이러한 대형 은행이 파산하면 계좌를 보유한 수백만 명의 평범한 개인이 재정적 파탄을 맞을 수 있기 때문이었죠. 망하기엔 너무 거대한 은행은 최악의 결과는 피할 듯 보였습니다. 그러나 그들이 쌓아온 부채는 엄청났습니다. 미국에서만 은행의 구제금융에 16조 8,000억 달러가 들었는데, 이는 미국 GDP(국내총생산)의 3분의 1에 해당하는 금액이었죠. 어떤 이들은 은행이 파산하도록 내버려두어야 한다고 이야기하기도 했습니다.

대침체

2007~2008년 금융위기로 세계의 경제 성장이 멈추는 대침체기가 시작되었습니다. 모든 국가가 동일한 영향을 받은 것은 아니지만 경기 침체로 인해 2009년 세계 GDP는 제2차 세계대전 이후 처음으로 감소했습니다. 늘어나는 국가 부채를 우려한 많은 정부는 '긴축' 정책으로 지출을 줄였어요. 일부 경제학자는 이러한 전략이 상황을 더욱 악화시킬 수 있다고 주장했습니다.

> 2008년 10월, 시장이 붕괴하며 영국 기업들의 가치가 900억 달러어치 증발했다.

우리가 글로벌 금융위기에 관해 아는 점은 이 위기에 무지하다는 것이다.

폴 사무엘슨(Paul Samuelson), 경제학자이자 대학교수

34-35, 76-77쪽 참고

지구가 치르는

지난 200년간 발전한 산업으로 많은 국가는 그 어느 때보다 부유해졌습니다.
산업화한 국가는 지속적인 경제 성장과 향상된 생활수준을 누려왔죠.
그러나 이러한 번영으로 우리가 사는 행성은 대가를 치르게 되었습니다.
그리고 이제 그 비용을 감당해야 합니다.

끔찍한 예측

18세기 말 최초의 근대 산업이 형성되자 무엇이든 생산할 수 있어 보였습니다. 새로운 산업에 쓰이는 석탄과 철 같은 천연자원은 무한히 공급되었고, 기계화의 증가로 농장조차 생산성이 높아졌죠. 사회가 부유해지며 소비는 증가했고, 산업은 더 많은 재화를 공급해 수요를 맞추었습니다. 생활수준도 나날이 높아질 것으로 보였죠. 하지만 그때도 의구심을 가진 경제학자들이 있었습니다. 로버트 맬서스(Robert Malthus)는 인구는 꾸준히 증가할 것이므로 시간이 지나면 소비 속도가 공급을 초과할 수 있다고 경고했죠. 19세기와 20세기에는 비관주의적인 경고로 보였지만, 21세기에 들어 세계 인구가 급격히 늘자 필수 자원에 대한 수요가 증가했습니다.

> 2003년부터 2015년까지 12년 동안 세계 인구는 약 10억 명이 증가해 73억 명에 이른다.

또한 우리의 행성은 자원이 유한하기 때문에 그 소비를 줄여야 한다는 사실이 더욱 분명해졌습니다. 예를 들어 식량 생산에 사용되는 토지의 양과 깨끗한 물의 공급에는 한계가 있습니다. 그러나 우리가 소비하는 것은 음식만이 아닙니다. 우리가 살아가는 데는 제조품, 에너지, 운송 등이 필요합니다. 따라서 절대 대체할 수 없는 석탄, 가스, 석유 등과 같은 자원이 계속 공급되어야 하죠.

어떤 피해가 있나?

산업화는 환경을 파괴하고 있습니다. 도시의 대기질을 망치는 연기 자욱한 공장과 디젤 트럭은 말할 것도 없고, 더 심각한 문제가 있죠. CO_2와 같은 온실가스의 배출은 지구온난화를 유발합니다. 지구온난화로 기후가 변하면 식량 생산이 어려워져요. 극심한 기상 환경과 해수면 상승은 재산을 파괴하고 사업을 방해하죠. 산업은 다른 방식으로도 농작물 생산에 영향을 미칩니다. 공해는 우리의 땅과 강, 바다를 오염시켜요. 그리고 농경지는 제조업이

집단행동

공해와 기후 변화, 자원 고갈은 어느 한 나라만이 아닌, 전 세계적인 문제입니다. 경제적인 해결책이 필요하지만 이를 실행하기 위해서는 정치적 결단력도 필요해요. 전 세계적으로 소비를 줄이고 산업을 규제하는 조치를 취해야 하므로 국제적 협력이 중요합니다.

대가

미래를 내다보는 열쇠는 한 단어다. '지속 가능성'

패트릭 딕슨(Patrick Dixon), 미래학자

나 광물자원을 추출하는 데 사용되죠. 광대한 열대 우림 지역을 개간하고, 제초제와 살충제를 사용하고, 유전자 변형 작물을 개발하여 농업 생산을 늘리려는 시도는 생태계의 균형을 망칠 수도 있습니다. 산업이 환경에 미친 피해는 이미 엄청나며, 상황이 바뀌지 않으면 우리가 현재 누리고 있는 이 번영은 끝날지도 모릅니다. 이는 과학적인 동시에 경제적인 문제이며, 과학과 경제의 방법으로 해결해야 합니다.

오염자의 처벌

경제적 조치는 오염 기업에 더 많은 세금을 무는 것입니다. 온실가스 배출이나 독성 폐기물에 붙는 세금은 더 깨끗한 생산 방법을 찾도록 업계를 압박하는 동시에 정부가 오염으로 인한 문제를 처리할 자금을 제공합니다. 또한 정부는 오염 배출량에 상한선이나 제한을 두고 허용된 오염의 할당량을 초과하는 산업을 처벌할 수 있습니다. 배출권거래제를 통해 오염이 적은 기업은 자사의 할당량을 다른 기업에 판매할 수 있어요. 따라서 오염을 줄인 산업은 보상을 받고, 오염을 많이 방출한 산업은 더욱 큰 비용을 치르게 되죠.

우리의 소비가 증가할수록 지구의 유한한 천연자원은 줄어든다.

↩ **유한한 세계**
지구의 자원은 유한하며, 경제가 성장하고 인구가 늘수록 소비가 늘어난다. 소비를 줄이지 않는 이상, 자원은 갈수록 부족하고 비싸질 것이다.

104-105, 112-113쪽 참고 →

가득 차다

비다

안전한 게임

사람들은 이익을 얻기 위해 주식이나 기타 금융상품에 투자합니다. 그러나 시장은 끊임없이 변화하기 때문에 투자 가치는 떨어질 수도 있고, 올라갈 수도 있어요. 어떤 이들은 이윤은 더 적을지라도 국채나 은행 예금처럼 안전한 투자처를 선택하죠.

여러 빈곤국이 생존을 위해 고군분투 하는 동안 어떤 나라들은 엄청난 경제 성장을 이루었습니다. 반대로 오랫동안 선진국이었지만 경제가 쇠퇴한 나라도 있죠. 경제에서 장담할 수 있는 것은 아무것도 없습니다. 100년 안에 새로운 경제 강국이 미국과 유럽, 일본을 밀어낼 수도 있습니다.

발전과 쇠퇴

일상에서의
시장과 거래

경제 예측

가격의 상승이나 하락처럼 미래 예측은 여러 경제적 결정에 영향을 미칩니다. 오늘날 경제학자들은 예측을 위해 복잡한 컴퓨터 모델링과 알고리즘을 사용하지만, 이는 날씨와 같은 자연의 불확실성과 예측할 수 없는 사람들의 행동을 반영하지는 못합니다.

밀수품

대부분의 국가는 수입할 수 있는 품목, 수입할 수 없는 품목을 정해 놓습니다. 담배와 술 같은 특정 물품에는 세금이 부과되고, 총기와 마약 같은 물품은 금지될 수 있죠. 그러나 이러한 상품의 수요는 항상 존재하며, 그 결과 이를 돈벌이로 삼아 국내에 밀수하는 사람도 있습니다.

세계 무역으로 일부 국가는 부유해졌고, 가난한 국가도 상품을 수출하며 이익을 얻었습니다. 해외여행의 증가와 값싼 상품에 대한 수요가 늘면서 운송은 이제 주요 산업이 되었습니다. 이러한 운송 산업은 환경에 영향을 미칩니다. 특히 항공 운송은 지구온난화를 유발하는 많은 양의 온실가스를 배출하죠.

운송의 대가

기본소득

밀턴 프리드먼과 같은 경제학자는 세금 시스템으로 저소득층에게 돈을 지급해야 한다고 주장합니다. 그가 주장한 '부의 소득세'는 복지 수당 대신 모든 사람이 기본소득을 받게 보장하는 방식입니다. 소득이 더 많은 사람은 소득세의 일정 비율을 내는 것이죠.

시장에서 거래하는 기업들을 통해 선진국은 부를 얻었고, 투자는 경제 성장을 이끌었습니다. 정부는 이러한 부를 나누기 위해 법을 만들고 세금을 부과하죠. 그러나 21세기에 기업은 환경 피해를 막기 위한 더 많은 규제에 직면하기도 합니다.

탄소 발자국

우리는 산업화로 번영을 누리게 되었지만, 그만큼 '탄소 발자국'도 남기고 있습니다. 탄소 발자국이란, 우리의 행동으로 인해 대기에 방출된 이산화탄소의 양을 의미합니다. 이러한 오염을 줄이기 위해 오염 처리 기술을 발명하자는 주장도 있고, 화석 연료의 사용을 중단하고 새로운 에너지원을 찾아야 한다는 주장도 있습니다.

근로자의 보호

자유시장의 일부 규제는 경제적 이유가 아닌 사람을 보호하기 위해 존재합니다. 대부분의 국가에는 유해물로부터 소비자를 보호하는 법률과 근로 조건에 관한 법률이 있습니다. 이는 기업이 '착취 공장'에서 장시간 저임금으로 노동자를 혹사하는 것을 방지하고 아동이나 노예 노동을 금지합니다.

돈으로 **행복을** 살 수 있을까?

생활수준과 불평등

현재 나라들의 생활수준은 그 어느 때보다 높습니다. 현대 산업과 기술이 가져온 부로 사람들은 필요 이상으로 많은 것을 가지게 되었죠. 그러나 동시에 수십억 명이 사람은 빈곤 속에서 살아가고 있습니다. 이에 경제학자들은 부를 좀 더 공정하게 분배하는 방법을 고민하고 있습니다. 빈곤국이 발전하고 경제 성장을 도모할 수 있도록 도우면서 말이죠.

나라의
부 측정하기

전 세계에는 200여 개의 나라가 있습니다. 어떤 나라는 넓은 땅을
가지고 있고 인구가 많지만, 영토가 작고 인구밀도가 희박한 나라도
있죠. 부유한 나라에서는 많은 이가 높은 생활수준을 누리지만,
가난한 나라에서는 국민 대다수가 빈곤 속에서 살고 있습니다.
경제학자들은 각 나라가 얼마나 부유하고 가난한지
가늠하기 위해 국가의 소득을 측정합니다.

수치 구하기

국가의 부를 측정하는 것은 많은 면에서 매우 유용합니다. 우리
는 어느 나라가 매우 빈곤한지, 부유한 나라의 도움이 필요한지
파악해야 합니다. 또한 각 나라 사람들이 먹고살기 충분한지 생
활수준도 알아야 하죠. 날이 갈수록 나라가 더 부유해지는지, 가
난해지는지 알 수 있다면 상당히 유용할 것입니다.

개인이 얼마나 부자인지 측정하는 방법은 꽤 간단합니다. 그 사람이
은행에 보유한 돈과 소유품, 가장 중요하게는 소득을 보면 되죠. 그러나
나라 전체의 부를 측정하는 일은 그렇게 간단하지 않습니다. 따라서 경제학자들
은 부를 측정하는 다양한 방법을 제안해왔습니다. 가장 널리 사용되는 척도가 바
로 한 나라의 국내총생산을 뜻하는 GDP입니다. GDP는 1년간 그 나라의 영토

> ## 국민총행복이
> ## 국민총생산보다
> ## 더 중요하다.
>
> **지그메 싱예 왕추크(Jigme Singye Wangchuc), 전 부탄 국왕**

얼마나 부유한 나라인가? ➔
한 나라에서 생산된 모든 재화와
서비스의 가치는 국가의 소득을 알려
주지만, 그 나라가 부유한지 파악하려면
인구 규모 같은 요소를 살펴봐야 한다.

내에서 생산된 모든 재화와 서비스의 가치를 더한 값이에요. 재화와 서비스는 사고 팔리기 때문에 GDP는 한 나라의 경제 활동을 알려주고 국가의 소득을 가늠할 수 있게 해줍니다.

부정확한 그림

그러나 GDP는 각 나라의 부를 정확히 보여주지 못할 수도 있습니다. 미국은 전 세계에서 GDP가 가장 높지만, 상대적으로 더 부유한 나라도 있습니다. 예를 들어 룩셈부르크 같은 나라는 GDP를 기준으로 보면 경제 규모는 매우 작지만 인구가 매우 적기 때문에 이 나라의 국민은 미국의 국민보다 평균적으로 더 부유합니다. 또한 GDP는 상당히 크지만 많은 인구 때문에 가난하게 여겨지는 나라도 있죠. 한 나라 국민의 부를 더욱 정확하게 측정하는 방법은 바로 1인당 GDP입니다. 이는 재화와 서비스의 총가치를 해당 국가의 국민 수로 나눈 값이죠. 1인당 GDP는 한 나라의 생활수준을 다른 나라와 비교할 때 많이 쓰입니다. 하지만 이 방법 역시 국민이 얼마나 부유한지 평균만을 보여주기 때문에 오해의 소지가 있습니다. 많은 나라에서 부의 분배는 불균등하며, 소수의 특권층은 호화스러운 삶을 누리는 반면, 다수는 가난하게 살기도 합니다. 또한 생활비도 달라 나라 간 생활수준을 비교하기란 쉽지 않아요. 예를 들어 인도에서는 일정 돈으로 안락한 삶을 영위해도 물가가 훨씬 비싼 스웨덴에서는 생활이 어렵다고 느낄 수 있습니다. 1인당 GDP는 일반적으로 1년간 한 나라의 경제 활동을 파악하는 척도입니다. 시간이 흘러 수치가 쌓이

면 그 나라의 경제가 성장한 흐름을 볼 수 있습니다. 나라가 얼마나 부유해졌는지, 혹은 가난해졌는지 알 수 있죠.

104-105, 112-113쪽 참고

지출

GDP는 국가의 소득을 알려주지만 한 국가의 경제적인 상황을 파악하려면 나가는 돈도 살펴봐야 합니다. 사람과 마찬가지로 국가도 특정한 프로젝트를 위해 돈을 빌릴 수 있으며, 상환할 부채가 있습니다. 그리고 대부분의 나라에서 국제무역이 큰 부분을 차지하기 때문에 지출보다 나라에 들어오는 돈이 더 많은지 확인하는 것이 중요해요. 들어오는 돈이 더 많은 경우에는 '흑자', 나가는 돈이 더 많은 경우에는 '적자'라고 표현합니다.

> 전 세계에서 가장 큰 경제 규모를 지닌 국가는 미국과 중국, 일본이다.

요러 나라의 생활수준을 비교하기 위해서는 그 나라의 부와 인구를 측정해야 한다.

행복의 측정

많은 사람이 "행복은 돈으로 살 수 없다"라고 말합니다. 1972년 부탄의 국왕은 자신의 나라가 비록 가난할지라도 국민은 행복하다며 국내총생산뿐 아니라 국민총행복도 측정해야 한다고 주장했습니다. 경제학자들은 이 생각을 중요하게 받아들였고, 현재 UN은 매년 세계행복보고서를 발행하고 있습니다.

돈은 누가 공급할까?

기업은 재화와 서비스를 판매해 돈을 법니다. 그리고 그 수입으로 원자재나 기계, 근로자의 비용을 지불하죠. 그러나 매출액이 발생하기 전에 창업이나 새 기계 구입, 건물 구입 등을 위해 자금이 필요할 때도 있습니다.

> **임금은 고용주가 주는 것이 아니다. 고용주는 돈을 관리할 뿐이다. 임금은 고객이 준다.**
>
> 헨리 포드(Henry Ford), 기업가

48-49, 52-53쪽 참고

자금 마련

대기업부터 소규모 1인 사업자까지 대부분의 비즈니스는 재화와 서비스의 판매로 얻는 수입 외에도 자금을 마련해야 할 때가 있습니다. 예를 들어 사업을 시작하려면 도구와 기계 구입, 건물과 운송 차량 구입이나 임대, 근로자 고용에 드는 창업 비용이 필요합니다. 또한 시간이 지나면 사업을 확장하고 신제품을 출시하거나 컴퓨터 시스템을 업데이트해야 할 수도 있죠. 이 모든 일에는 비용이 들고 매출액이 발생

하기 전에 지급해야 할 때가 많습니다.

기업이 운영 자금을 마련하는 방법에는 여러 가지가 있습니다. 돈을 빌린 다음 대출기관에 일정 기간 금액을 갚을 수 있죠. 필요할 때 돈을 받고 제품을 판매해 돈을 벌면서 갚는다고 합의하는 거예요. 또 다른 방법으로, 큰 규모의 기업은 상장 회사가 되어 투자자에게 주식을 판매할 수 있습니다. 이 방법은 갚아야 할 대출이 아니라는 장점이 있어요. 대신 주주는 기업의 소유권 일부를 구입하며 기업의 운영 방식에 관한 발언권과 향후 이익의 일정 비율을 갖습니다.

누가 낼 것인가?

기업이 대출이나 주식 매각으로 자금을 마련하면, 대출기관과 주주는 돈의 대가를 기대합니다. 기업이 가장 흔하게 대출을 받는 곳은 은행이에요. 은행은 일정 기간 총대출금에 약정이율을 적용해 돈을 빌려줍니다. 기업은 대출 원금에 이자를 더한 금액을 상환해야 하므로 은행에는 전반적으로 이익이죠. 하지만 은행만 기업에 돈을 빌려주는 것은 아니

프리드리히 하이에크
(Friedrich Hayek, 1899~1992년)

오스트리아학파의 저명한 경제학자로, 1974년에 노벨경제학상을 공동 수상했습니다. 빈에서 태어나 공부했으며, 런던정치경제대학교에서 학생들을 가르치다 시카고대학교로 옮겼어요. 공산주의를 강력히 반대한 하이에크는 정부의 통제가 없는 개인 출자 사업을 중심으로 한 자유시장경제 이론을 발전시켰습니다.

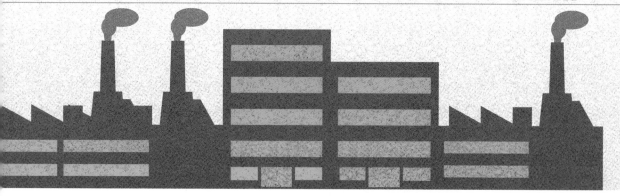

기업이 자금을 모으는 여러 가지 방법

은행에서 받은 대출 / 정부에게 받는 지원금이나 보조금 /
주주와 은행, 다른 기업, 또는 정부에게 받는 주식매입금

대출기관에 대출금 + 이자 상환,
또는 기업의 소유권 일부와 이익 지분 제공

에요. 대기업은 회사채를 판매해 개인 투자자에게 유용
하게 돈을 빌리고 후에 갚을 수 있습니다. 정부 또한 기업
에 자금을 빌려줄 때가 많습니다. 특히 신
생 기업의 시작을 돕거나 지역 사회에 도움
이 될 산업을 장려할 때 그렇죠. 재생에너
지 생산업체 같은 일부 산업은 상환할 필
요 없는 정부의 지원금이나 보조금을 받기
도 합니다.

> 많은 경우, 채무자는
> 자신이 소유한 건물 같은
> 담보물을 제공해야 한다.
> 채무를 이행하지 않으면
> 담보물을 잃을 수도 있다.

구매

기업의 주식을 사는 투자자의 부류는 다양합니다. 개인
투자자도 있지만 주주의 대부분은 투자 회사와 연기금,
은행과 같은 상업기관이에요. 정부 역시 사기업의 주식

을 매입합니다. 이러한 투자를 하는 이유는 이익은 물론, 그
기업에 대한 일정 통제권을 얻기 위해서죠. 파산위기의
은행을 구제해야 할 때는 기업을 공적 소유로
만들기 위해 주식의 대부분을 사들이기도
합니다. 공적 투자가 사기업에 들어가듯
국민건강과 교도소 관련 기관, 철도나 에
너지 회사 같은 공기업도 개인 투자자에
게 해당 사업의 지분을 제공할 수 있습니
다. 정부는 거둔 세금에 이러한 돈을 더해 공공
서비스에 투자할 자금을 마련하죠.

116-117, 134-135쪽 참고

뚝딱 돈 만들기

돈은 물건을 구입하는 데 사용되기 때문에 끊임없이 주인이 바뀌고 경제 안에서 옮겨 다닙니다. 노동자는 임금을 받아 재화와 서비스에 지출합니다. 그러면 그 돈은 더 많은 제품을 생산하고 임금을 지급하는 데 사용되죠. 돈은 아무 데서나 공급되는 것이 아니라 은행이 만듭니다.

새로운 돈

경제 안에서 순환하는 돈의 양, 즉 돈의 공급은 고정된 것이 아니라 경제 전체의 변화에 따라 움직입니다. 예를 들어 기업들이 사업을 확장하고 많은 돈을 빌리고 싶을 때는 다른 시기에 비해 돈의 수요가 큽니다. 그 돈을 공급하는 것이 은행의 역할이에요. 그러나 돈의 공급은 난데없이 뚝딱 일어나는 것이 아니라 정해진 곳에서 해야 하죠.

전달

사실 은행은 이미 순환되고 있는 돈을 사용해 새로운 돈을 창출할 수 있습니다. 은행의 비즈니스는 기본적으로 두 가지입니다. 사람들이 예금한 돈을 관리하고, 돈이 필요한 사람에게 대출해주죠. 은행은 예치된 돈을 다른 고객에게 빌려줍니다. 이 시스템은 시중에 유통되는 돈의 공급을 늘리는 방법이기도 합니다. 예를 들어 설명해보도록 하죠. A가 100파운드를 은행에 예금했

습니다. 그러면 은행은 대출을 원하는 B에게 90파운드를 빌려주죠. A는 여전히 필요할 때 100파운드를 찾을 수 있습니다. 따라서 총 190파운드의 통화 공급이 생겨났습니다. 한편 은행은 10파운드의 준비금만 필요합니다. 이제 B는 90파운드를 C의 임금을 지급하는 데 사용하고, C는 그 돈을 은행에 예치했다고 가정해볼게요. 그러면 은행은 그 돈을 D에게 빌려줄 수 있습니다. 이런 식으로 계속 이어지

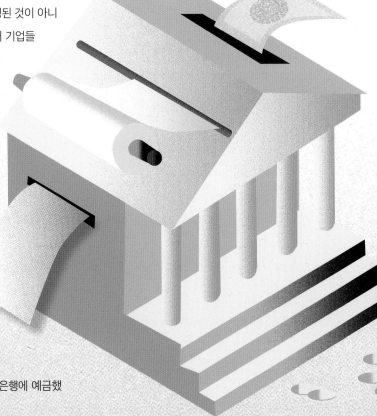

죠. 은행은 실제 보유한 돈보다 더 많은 금액을 빌려주지만 채무자가 돈을 갚고 예금자가 한 번에 돈을 다 빼지 않는 한, 준비금보다 몇 배 더 많이 통화 공급을 늘릴 수 있습니다.

통제

물론 이처럼 돈을 '창출'하는 비즈니스는 매우 면밀히 규제되어야 합니다. 그래서 은행이 어느 정도까지 통화 공급을 늘릴 수 있는지 법으로 정해져 있죠. 대부분의 국가에서는 영국의 중앙은행이나 미국의 연방준비제도처럼 정부가 설립한 중앙은행이 은행들을 감독합니다. 중앙은행은 은행이 지급준비금 대비 빌려줄 수 있는 금액과 부과할 이자의 정도를 결정해 유통 중인 돈의 양을 통제합니다. 그리고 준비금보다 더 많은 돈을 지급해야 하는 은행에 돈을 빌려주기도 합니다. 돈을 더 많이 찍어내거나 전자적으로 추가해 정

버나드 메이도프
(Bernard Madoff, 1938~2021년)

찰스 폰지의 대규모 사기 행각 이후, 투자자들은 너무 좋아 믿기 힘든 투자에는 의심을 가졌습니다. 그러나 그로부터 60년 후, 수천 명의 사람이 미국 역사상 가장 큰 사기에 휘말리게 되었습니다. 투자상담사였던 버나드 메이도프는 25년이 넘는 기간 동안 사기 행각을 벌이며 고객에게 총 180억 달러의 피해를 입혔고, 결국 2009년 교도소에 투옥되었습니다.

부나 기업에 빌려줄 수 있도록 통화 공급을 직접적으로 늘리기도 하죠. 이러한 방식으로 돈을 만드는 것을 '양적완화'라고 부릅니다.

그러나 은행이 아무렇게나 돈을 만들어낼 수 있다면 부도덕한 딜러가 많아질 것입니다. 이탈리아인 사기꾼 찰스 폰지(Charles Ponzi)가 대표적인 인물입니다. 그는 1920년대에 미국에서 불법 기법으로 투자자에게 환상적인 이익을 약속했어요. 이제는 '폰지 사기'로 알려진 이 시스템은 신규 투자자에게 받은 돈을 기존 투자자에게 지급하는 방식입니다. 초기 투자자들이 매우 높은 이익을 얻자 그는 순식간에 더 많은 투자자를 모았고, 발각되기 전까지 수백만 달러를 벌어들였죠.

112-113, 124-125쪽 참고

1920년대 찰스 폰지의 투자자들은 약 2,000만 달러, 오늘날로 따지면 약 2억 달러 이상의 돈을 잃었다.

은행은 시중의 통화량을 통제한다.

돈만큼 믿을 만한 신용은 없다.

존 듀이(John Dewey), 철학자

돈의 창출
중앙은행은 경제 내 통화량인 돈의 공급을 통제한다. 중앙은행은 빌려줄 더 많은 돈을 만들도록 결정할 수 있고, 이는 유통 중인 통화량을 늘린다.

왜 어떤 나라는 **가난**할까?

그 어느 때보다 많은 나라가 부를 누리고 있습니다. 산업은 생산성이 높아졌고 경제도 성장했죠. 선진국 사람들은 생활필수품은 물론이고, 많은 사치품을 가질 수 있게 되었습니다. 그러나 이렇게 성장하지 못해 전 세계의 부를 누리지 못하는 나라도 있습니다.

> 세계 최상위 부자인 62명의 재산은 하위 50%인 35억 명의 재산과 같다.

> 구성원 대다수가 가난하고 **비참한 사회는 절대 번창하고 행복할 수 없다.**
>
> 애덤 스미스

우리는 모두 다르다

세계의 각 나라는 크기나 기후처럼 타고난 차이점이 있습니다. 그러니 각 나라의 경제가 다른 것도 당연하겠죠. 부유한 국가들은 경제 발전을 통해 번영을 이루었습니다. 즉, 그 나라들은 산업의 효율성과 생산성을 높이고, 경제 성장과 기술 발전을 도모하는 자본주의 경제 시스템을 채택해왔죠.

부자 되기

유럽의 국가들과 그 뒤를 이은 미국과 일본은 가장 먼저 산업화를 이루었고, 꾸준히 향상된 생활수준을 누려왔습니다. 그들은 생산력 덕분에 저개발국보다 유리했고, 저개발국은 국제무역 경쟁에서 고전했습니다. 결과적으로 가난한 나라는 산업의 건설과 경제 발전에 필요한 돈을 무역으로 얻기 어려웠죠. 일부 부유한 유럽 국가는 제국을 건설하고 세

어떤 나라는 넘치게 많고

계 곳곳에 식민지를 세워 필요한 자원을 착취했습니다. 이로써 부유국은 더 부유해졌지만 그들의 식민지는 자국에서 나오는 자원의 혜택도 누릴 수 없었습니다. 반대로 저개발국이 부유해진 사례도 있습니다. 아라비아만의 사우디아라비아와 카타르는 석유가 발견되기 전까지는 국민 대부분이 사막에 거주했죠. 그런데 지금은 세계에서 가장 부유한 나라 중 하나가 되었습니다.

발 묶임

아직도 많은 빈곤국이 현대 산업의 부족으로 어려움을 겪고 있으며, 자력으로 돈을 벌기 힘든 상황입니다. 지역 주민이 먹을 정도의 농산물만 생산하고 있는 곳도 많죠. 현재 일부 빈곤국은 다른 나라로부터 도움을 받고 있습니다. 우리는 그들을 '개발도상국'이라고 부릅니다. 그리고 여러 정부가 현대 산업을 장려하기 위해 최대한 자국의 자원을 많이 활용하고 무역을 장려하는 정책을 도입했습니다.

남과 북

세계 지도를 보면 북반구에 많은 부유국이 위치해 있다는 사실을 알 수 있습니다. 산업화는 영국에서 유럽과 북미 전역으로 빠르게 진행되었고, 나라들은 경제적 번영을 이루었습니다. 그러나 아프리카와 남미, 아시아의 여러 나라는 이보다 뒤처져 있고, 여전히 산업 경쟁력도 약합니다.

새로운 산업에서 생긴 돈과 해외 투자금은 통신과 도로, 전력 같은 기반 시설을 개선하는 데 쓰여요. 그러나 빠른 속도로 성장해도 개발도상국은 선진국과 끊임없이 경쟁해야 합니다. 일부는 상황이 개선되었지만, 세계의 많은 인구는 여전히 빈곤 속에서 살아가고 있습니다.

부와 가난 ➡
부유한 산업국의 사람들은 현대의 편의시설과 높은 생활수준을 누리고 있다. 그러나 여전히 전 세계 많은 지역은 먹고사는 데 많은 어려움을 겪고 있다.

108-109, 112-113쪽 참고

어떤 나라는 겨우 연명하는 수준이다.

국제금융기구

제2차 세계대전 이후 세계 경제와 화폐 시스템은 긴밀히 연결되어 있습니다. 국제금융기구(IFIs)라 불리는 조직망은 나라 간의 자금 흐름을 감독하고 국가의 발전을 돕는 대출을 제공하죠. 국제금융기구에는 국제통화기금 IMF와 세계은행을 비롯한 여러 기관이 있습니다.

통화의 고정

1930년대 대공황이 오자 여러 국가가 수출을 장려하기 위해 자국의 통화가치를 낮추었습니다. 이는 시장을 위축시켜 장기간 침체가 이어졌죠. 이를 막기 위해 세계 정상들은 1944년 회담을 갖고 미국 달러에 통화 환율을 고정하기로 합의했습니다. 그리고 긴급 자금을 위한 국제통화기금 IMF와 장기적인 발전 자금을 대출해주는 세계은행을 설립했죠.

무역과 노동

국제금융기구는 국가 간의 자금 흐름을 관리하며 은행과 같은 역할을 합니다. 그러나 나라들은 다른 조직과도 연계되어 있어요. 1994년에 설립된 세계무역기구(WTO)는 무역을 감독하고 세계 금융 서비스의 95%를 규제합니다. 제재를 가할 법적 권한이 있는 것이죠. 국제노동기구(ILO)는 전 세계의 공정한 노동 조건을 보장하기 위해 애쓰고 있지만, 법적 권한은 적습니다.

워싱턴 컨센서스

국제금융기구가 어려운 국가에 해주는 대출에는
조건이 따릅니다. 국제금융기구는 워싱턴 컨센서스로
알려진 방식을 적용해 그 나라의 경제를 돕습니다.
예를 들어 도움을 받는 나라는 국제무역시장을
개방하고 정부 개입을 줄여야 합니다. 그러나
이러한 워싱턴 컨센서스가 빈곤층을 돕지 않고
단지 글로벌 기업의 영향력을 증대한다고
주장하는 사람도 많습니다.

⊙ **글로벌 은행**
세계은행과 IMF를 비롯한 여러
기관은 전 세계의 금융 거래를
통제한다. 그들은 개발도상국에
자금을 빌려주지만, 조건이 따른다.

2015년 아일랜드는
2010년에 IMF로부터
받은 긴급 자금의
이자로 10억 유로를
지급했다.

세상은 민주적이지 않은
기관인 세계은행과 IMF,
WTO에 의해 지배되고 있다.

주제 사라마구(Jose Saramago), 소설가

그리스 긴급 구제

2009년 그리스는 막대한 빚에 직면했습니다.
소위 '트로이카(삼두마차)'라 불리는 유럽연합집행
위원회와 유럽중앙은행, IMF는 그리스를 긴급 구제하
기로 결정했죠. 그 대가로 그리스 정부는 지출을 줄이
고 국유자산을 매각해야 했습니다. 2015년 서비스업이
실패하고 실업이 증가하자 그리스 국민은 긴축 정책의
철회를 기대하며 새 정권을 선출했습니다. 그러나
트로이카의 구제금융 정책은 지속적인 긴축을 요구
했고, 나라의 혼란은 계속해서 이어졌습니다.

세계화는 누구에게

통신과 교통의 발전으로 우리는 전 세계 어디에서나 물건을 거래할 수 있습니다. 다국적 기업들은 개발도상국에 근대 산업을 도입했고, 모든 나라에 세계시장에서 거래할 기회가 생겼죠. 그러나 모두가 누려야 하는 이러한 혜택을 보지 못하는 나라도 많습니다.

104-105쪽 참고

느린 주자

일부 국가는 다른 국가보다 세계화의 혜택을 더욱 많이 누립니다. 물론 세계화는 넓은 시장의 문을 열어 빈곤국이 자국의 제품을 수많은 잠재 고객에게 제공할 기회를 주었어요. 그러나 석유나 금처럼 다른 곳에서는 찾기 힘든 귀중한 천연자원이 없다면 원자재를 구입하거나 제조품을 판매하기 위해 다른 나라와 경쟁할 수밖에 없습니다. 문제는 가난한 개발도상국일수록 세계시장에서 불리하다는 것입니다. 개발도상국은 농업이나 광업 위주이고, 제조업은 적거나 아예 없을 수 있습니다. 그리고 현대식 기계가 없기 때문에 선진국만큼 자국의 천연자원을 효율적이고 저렴하게 활용할

수 없습니다. 따라서 가격을 내려 경쟁하고 낮은 이익을 내죠. 그 결과, 임금은 형편없고 경제 성장에 힘이 될 산업을 키울 자금도 부족합니다.

코카콜라는 북한을 제외한 모든 나라에서 판매되고 있다.

도움의 손길

그러면 이러한 국가들은 선진국에 제공할 것이 없을까요? 아닙니다. 모든 나라에는 일하고 싶은 사람들로 구성된 인적자원이 있고, 천연자원이 풍부한 나라도 있죠. 단지 비즈니스를 효율적이고 생산적으로 만드는 방법을 찾지 못했을 뿐입니다. 선진국의 기업들이 도움을 줄 수 있는 부분이죠. 다국적 기업은 개발도상국에 산업을 세우고 가능한 천연자원을 활용하며 현지 노동력을 고용해 그 나라에 필요한 기계와 기반 시설, 기술을 제공할 수 있어요. 기업과 현지국에 모두 이득이 되는 협정이죠. 회사는 천연자원과 값싼 노동력을 쉽게 활용하는 대가로 지역 경제에 투자하고 현대 산업을 세우는 셈입니다. 외국 기업은 많은 나라의 가난한 농촌을 현대의 산업 도시로 탈바꿈시켰고, 노동자는

꺼리는 일

국가가 부유해질수록 공해 산업에 대한 반감은 더욱 커집니다. 사람들은 더럽거나 위험한 일을 꺼리죠. 다국적 기업은 이러한 산업을 환경이나 고용 규제가 덜 엄격한 개발도상국으로 이전하는 경우가 많습니다. 이는 단기적으로는 지역 경제에 도움이 되지만 장기적으로는 더 비싼 대가를 치르게 될 수도 있어요.

이득일까?

전례 없는 부를 누리고 있는 이 세상에서 인류의 절반인 약 30억 명이 하루에 2달러도 안 되는 돈으로 살아가고 있다.

코피 아난(Kofi Annan), 전 UN 사무총장

정기적으로 임금을 받으며 빈곤에서 벗어났습니다.

단점

외국 기업이 지역 경제를 살리고, 도로와 철도, 공항 등을 개선하는 비용을 내도 산업용 건물이나 기계는 기업의 소유입니다. 그들이 고용하는 현지 노동자는 특별히 기술이 필요하지 않는 일을 맡지만, 관리자는 본사에서 파견될 때가 많아요. 비즈니스로 벌어들인 이익 대부분은 현지국이 아닌 기업으로 돌아가죠. 그리고 지방세를 거의 내지 않거나 전혀 내지 않는 다국적 기업도 있습니다. 그렇지만 다국적 기업의 운영은 개발도상국에 자력으로 달성하기 힘든 번영을 주지요.

다국적 기업을 비평하는 사람들은 기업이 지역 산업을 구축하지도, 지속적인 성장을 도모하지도 않는다고 주장합니다. 세계시장에서 거래하는 것은 현지국이 아닌 다국적 기업으로, 기술이나 경쟁력 있는 지역 비즈니스를 설립할 기능을 노동자에게 전수하지 않는다는 것이죠. 더욱이 장기적으로 볼 때, 빈곤국은 성장을 위해 다국적 기업에 의존할 수도 있습니다.

주고받기
세계화된 산업은 지역에 일자리를 제공하지만, 그 이익의 수혜는 지역경제가 아닌 본국으로 돌아갈 때가 많다.

이익은 현지국이 아닌 다국적 기업에 돌아간다.

빈곤 문제

현재 전 세계 수십억 명의 사람이 가난 속에서 살아가고 있습니다. 그들은 자신이나 가족을 위한 음식과 옷을 살 돈이 없고, 깨끗한 물과 난방, 전등도 없는 비참한 환경에서 하루하루 살아가고 있죠. 부유한 나라에도 생존에 허덕이는 사람들이 존재합니다.

전 세계 10억 명에 이르는 사람이 아직도 화장실을 쓰지 못한다.

> 통치를 잘하는 나라에서 가난은 부끄러운 일이다. 통치를 못하는 나라에서 부는 부끄러운 일이다.
>
> 공자, 철학자

불평등한 세상

현대 산업과 경제 시스템은 세계 여러 지역에 번영을 가져왔습니다. 기술이 발전하며 산업 생산성이 높아졌고, 면밀하게 경제를 관리해 계속해서 성장할 수 있었죠. 이렇게 발전한 세상에서 산업화를 이룬 국가는 필요한 재화와 서비스를 모두 가지고 있습니다. 자국에서 생산할 수 없는 물건은 다른 나라에서 구입하죠. 부유국에는 음식과 물건이 넘쳐나 그대로 버려지는 경우가 많습니다. 세계는 그 어느 때보다 많은 것을 생산하고 있지만 인구의 절반 가까이는 아직도 현대 생활의 안락함을 누리지 못하고 있어요. 이 끔찍한 불평등에는 여러 가지 이유가 있습니다. 경제학은 이러한 국제적 빈곤 문제의 해결책을 연구합니다.

얼마나 가난한가?

우리는 빈곤을 말할 때 의미하는 바를 정확히 알아야 합니다. 부와 가난은 상대적인 용어입니다. 예를 들어 노르웨이 같은 나라에서 가난하게 여겨지는 사람은 부룬디나 중앙아프리카공화국 같은 곳에서는 부자로 보일 거예요. UN과 세계은행을 비롯한 많은 국제기구는 적절한 삶을 사는 데 필요한 수준보다 부족한 것을 '절대 빈곤'으로 간주합니다. UN 선언은 식량, 깨끗한 물, 위생, 의료, 주거, 교육, 정보와 같이 인간이 최소한 지녀야 할 기본 요소를 제시합니다. UN 선언에서는 이러한 삶의 필수 요소가 전부나 일부가 결여된 상황을 절대 빈곤으로 정의하죠. 빈곤을 정의하는 다른 방법은 소득을 측정하는 것입니다. 예를 들어 세계은행은 국제적인 '빈곤선'을 하루 2달러로 제시했습니다. 그 이하 소득 수준은 가난하다고 할 수 있는 것이죠. 그러나 각 나라마다 생활비가 다르므로 이 정의가 모든 빈곤 수준을 정확히 설명할 수는 없습니다. 따라서 사람들이 가진 것이 아니라 갖고 있지 않은 것, 결여된 것을 측정하는 것이 더 나은 방법일 거예요.

돈 빌리기

빚 갚기

더 많은 돈 지출

빚을 갚기 위해
더 많은

빚을 지다!

모두 상대적이다

선진국에서는 이러한 절대 빈곤을 찾아보기 힘듭니다. 물론 매우 부유한 나라에도 상대적으로 가난한 사람들이 존재하죠. 이러한 종류의 상대적 빈곤(절대 빈곤과 다른 개념)은 자신이 사는 지역에서 통상적인 물건을 살 여력이 없고, 생활수준이 사회가 보는 최저 수준보다 낮은 경우입니다. 부유한 나라에서는 정부가 상대적 빈곤 문제를 해소할 수 있어요. 예를 들어 병자와 실업자에게는 복지 수당을 주고, 노년층에게는 연금을 제공하는 것이죠. 또한 저임금 근로자에게 금전적 혜택을 주고, 고용주가 최저 임금을 보장하는 법안을 제정할 수 있습니다.

그러나 빈곤국에서는 정부가 가난한 사람들에게 이러한 혜택을 제공할 방법이 없습니다. 정부 역시 긴급한 문제를 처리하기 위해 돈을 빌리는 '가난의 덫'에 걸려 경제 발전에 쓸 자금이 부족해요. 그리하여 가난에서 벗어나지 못할 뿐 아니라 빚을 갚아야 하는 추가적인 부담을 짊어지게 되는 것이죠.

104-105, 112-113쪽 참고

부채의 소용돌이

많은 사람이 가난에서 벗어나기 힘들다고 말한다. 돈을 빌려도 갚을 만큼 충분히 벌지 못한다. 그러면 더 많은 돈을 빌리고, 결국에는 절대 갚지 못할 빚을 지게 된다.

존 메이너드 케인스
(John Maynard Keynes, 1883~1946년)

영국에서 태어난 존 메이너드 케인스는 거시경제학을 이끌며 경제학자들의 세계관을 바꾸어놓았습니다. 그는 제1차 세계대전 이후 진행된 평화 회담과 영국 정부에 경제 자문을 제공했죠. 1930년대 대공황 시기에는 경제 기복의 영향을 줄이고 금융위기를 피하기 위해 정부가 세금과 규제를 어떻게 사용해야 하는지 그 방안을 제시했습니다.

개발도상국
지원

원조는 긴급한 문제 해결에 쓰일 때가 많아 경제 성장에는 거의 도움이 되지 않는다.

기반 시설, 현대 기술, 보수, 개혁을 위한 자금

이 세상에 가난하고 싶은 나라는 존재하지 않을 것입니다. 대부분의 부유국 사람들은 자신보다 불행한 사람을 도울 도덕적 책임이 있다고 생각해요. 그리고 자선단체와 정부, 국제 조직을 통해 개발도상국을 지원하죠.

노르웨이는 국제 개발 원조를 위해 국민총소득의 1.07%를 지원한다.

↻ 원조가 도움이 될까?
부유국은 개발도상국의 경제 발전을 위해 해외 원조를 제공하지만 필요한 곳에 모든 자금이 쓰이지는 않는다.

행운의 공유
어떤 나라는 부유하고 어떤 나라는 가난한 데는 여러 가지 이유가 있습니다. 천연자원이 풍부하거나 신기술 발명의 본고장으로 혜택을 누리는 지역도 있죠. 많은 부유국은 운이 좋았다는 것을 인지하고 그러한 행운을 빈곤국과 나눌 의무가 있다고 생각합니다. 개인은 가난한 이들에

부정부패

비효율적인 산업

부채 상환

게 음식과 깨끗한 물을 제공하는 자선단체에 기부를 하기도 합니다. 많은 선진국들은 납세자에게 걷은 돈의 일정 비율을 떼어두죠. 그리고 개발도상국의 프로젝트에 재정적 도움을 주는 세계은행 같은 국제기관을 지원해요. 기업들 역시 자선 단체에 기부하거나 해외 산업에 투자하기도 합니다.

벗어나지 못하는 상황

그러나 이와 같은 해외 원조에 모든 사람이 동조하는 것은 아닙니다. 국가가 가난한 이유는 국민이 게으르거나 부패했기 때문이고, 따라서 도움을 받을 자격이 없다고 생각하는 사람도 꽤 많죠. 또한 자신들이 지원하는 돈이 적절하게 사용되지 않을 때가 많다고 지적하는 사람도 많습니다. 가장 절실하게 필요한 사람에게 전달되지 않고, 빈곤국의 발전과 번영을 돕지 않는다는 것이죠.

> # 원조가 빈곤의 구조적 문제를 해소할 수 있다는 생각은 허구다.
>
> 담비사 모요(Dambisa Moyo), 경제학자

가난한 나라의 국민들조차 돈만으로는 빈곤의 원인을 해결할 수 없다는 사실을 잘 알고 있습니다. 예를 들어 자선단체에서 오는 돈은 대부분 가난한 이들에게 음식과 의복, 약, 의료진 등을 제공하는 데 쓰입니다. 이러한 도움은 당장의 문제는 해결해주지만 그들의 미래를 위한 것은 아니죠.

때로는 빈곤국의 정부에 해외 원조를 제공하지만 필요한 이에게 도움이 닿지 않기도 합니다. 사람들이 외딴 지역에 살고 있고, 그들에게 닿을 만한 교통수단이 없기 때문이죠. 정부가 부실하게 돈을 관리하고, 국민을 돕기보다는 정부의 프로젝트에 사용하는 것도 원인입니다. 일부 빈곤국은 세계은행 같은 기관에서 돈을 빌렸지만, 안정적으로 성장하는 경제

> # 물고기 한 마리를 주면 하루 먹을 수 있겠지만, 잡는 법을 알려주면 평생 먹을 수 있다.
>
> 익명인

를 구축하기에는 부족했고, 결국에는 그 빚을 갚아야 하는 장기적인 부담을 지게 되었습니다.

자립

장기적인 해결책은 가난한 나라가 자국의 경제를 발전시키도록 돕는 것입니다. 자국을 위한 효율적인 산업과 생산적인 기업을 만들지 않는다면 그들은 계속해서 해외 원조에 의존할 수밖에 없습니다. 부유국은 도로 연결과 통신 같은 시설을 개선하는 특정 프로젝트에 원조할 수 있죠. 현대 산업과 소기업들의 구축을 지원하고 교육과 기술 훈련을 제공하는 것도 방법입니다. 또한 부패나 세금 체납 같은 나쁜 관행을 없애며 건실한 경제를 세우려는 정부에 도움을 줄 수 있죠. 국가가 경제적으로 독립해야 세계시장에서 더 부유한 나라와도 거래할 수 있을 거예요.

104-105, 106-107쪽 참고

새로운 출발

전 세계의 많은 최빈곤국은 소득보다 더 많은 금액을 빌린 돈을 갚는 데 써야 하는 '빈곤의 덫'에 빠져 있습니다. 원조금을 받아도 채무 상환으로 바로 없어지기 때문에 이 나라들은 새롭게 출발할 수 있도록 채무를 삭감해달라고 요청하는 일이 많죠.

에너지 공급

에너지는 모든 경제에 필수적입니다. 그러나 일부 국가는 에너지 자원이 부족하고 보유한 연료도 결국 고갈될 거예요. 에너지 사용으로 기후는 점점 변하고 있습니다. 화석 연료가 타면서 배출하는 온실가스가 대기로 방출되며 지구온난화를 야기하기 때문이죠.

에너지 안정성

현대 경제는 저렴한 에너지를 안정적으로 얻을 수 있어야 합니다. 수입 석유에 의존하면 외국에서 전쟁이 발생하거나 사회가 불안정해질 때 경제가 흔들릴 가능성이 크죠. 또한 국가들은 중국과 같이 경제가 발전하는 나라와 에너지 공급을 두고 경쟁해야 합니다. 단기적으로는 불쾌한 정권을 상대해야 하거나 공급 라인을 확보하기 위해 전쟁으로 치달을 수도 있죠. 그러나 어떤 나라는 장기적인 관점에서 원자력과 같은 새로운 에너지원을 자국에서 찾거나 재생 가능한 에너지원을 개발해 에너지 안정성을 찾으려 합니다.

화석 연료

석탄, 석유, 천연가스와 같은 화석 연료는 묻힌 생물체의 잔해에서 생성됩니다. 화석 연료는 필요한 에너지의 80% 이상을 제공하고 있죠. 이러한 연료의 대부분은 중동과 같이 정치적으로 불안정한 지역에 매장되어 있기 때문에 일부 국가는 오일 샌드나 오일 셰일 같은 자원을 개발하고 있습니다. 하지만 그렇다고 해도 석유는 반세기 안에 고갈될지도 모릅니다.

⊘ 불을 켜기 위해

안정적인 에너지원 구축은 전 세계 많은 국가가 안고 있는 중요한 문제다. 또한 화석 연료가 고갈되기 전에 대체 에너지원을 찾아야 한다.

재생 가능과
지속 가능

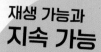

재생에너지원은 고갈되지 않거나 계속
재생되는 에너지원을 말합니다. 그러나 화석
연료의 연소와 지구온난화의 연관성을 생각하면
'지속 가능'하기도 한 에너지원을 신속히 개발해야
하죠. 지속 가능한 에너지원은 오랫동안 사용이
가능하면서 해를 끼치지 않는다는 의미를 지닙니다.
재생 가능하고 지속 가능한 주요 자원으로는 수력
에너지, 풍력 에너지, 태양 에너지가 있습니다.

우리는 원하는 미래를 향해
새롭고 지속 가능한 길을
찾아야 한다. 녹색 산업혁명이
필요하다.

반기문

소비 감소

화석 연료를 태우면 지구에 나쁜 영향을 미칩니다.
따라서 많은 전문가가 소비를 줄여야 한다고 주장하고
있죠. 2015년 프랑스 파리에서 열린 기후변화국제회의
에서 세계 각국은 화석 연료 소비를 크게 줄여 지구의
온도 상승을 '2℃ 미만'으로 유지하기로 협의했습니다.
많은 선진국이 에너지 부문의 탄소 배출량을 절반으로
줄이겠다고 약속했죠.

지난 50년 동안
에너지 사용은
세 배가량 증가했으며,
대부분 화석
연료였다.

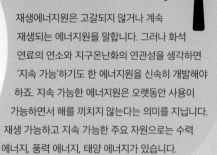

은행에서 빌린 돈 **갚기**

은행의 주요 업무는 돈을 빌려주는 것입니다. 사람과 기업, 심지어 나라에도
돈을 빌려주죠. 그러나 은행도 비즈니스이며 이익을 추구합니다.
따라서 채무자는 대출금에 이자를 더해 빌린 돈보다 더 많은 금액을 갚아야 해요.

106-107, 108-109쪽 참고

대출 사업

살다 보면 돈을 빌려야 할 때가 있습니다. 지갑을 깜
빡하고 집에 두고 나와 친구에게 커피 한 잔 값 정도
를 빌리기도 하죠. 물론 다음 날에 돈
을 갚기로 약속하고요. 서로를 잘 알
고 신뢰하기 때문에 친구는 돈을 돌
려받을 것이라는 확신을 갖습니다.
큰돈을 빌리고 싶은 사람은 은행을
찾아갑니다. 은행은 돈을 돌려받을
수 있을지 확인하기 위해 채무자의 정
보를 알고자 합니다. 예를 들어 개인이라면
직업이나 소득을, 기업이라면 그간의 실적과 앞으로
의 계획은 어떤지 확인할 것입니다. 채무자가 상환
능력이 있다고 확신하면 은행은 대출 조건을 명시한

> 대출기관은 일반적으로
> 중앙은행이 정하는
> 기준금리를 기준으로
> 이자율을 정한다.

계약을 맺습니다. 상환 시기와 방법 같은 조
건을 정하는 것이죠. 친구에게 적은 금액을
빌릴 때와 달리 은행은 이익을 위해 돈을 빌
려줍니다. 일반적으로 은행은 대출에
이자를 부과합니다. 원래 빌린
금액에 '이자율'을 붙이는 것
이죠.
은행이 연간 10%의 이자율
로 5년 동안 10억 원을 기업
에 대출해주고, 기업은 월 분할
방식으로 상환한다고 가정해봅시
다. 이자는 대출 잔액에 부과되기 때문에 은
행은 빌려준 돈보다 더 많은 돈을 돌려받습니
다. 채무자는 목돈을 구하고 상환할 시간을
갖는다는 이점을 얻죠.

안정성

때로는 일이 잘못되기도 합니다. 채무자가 직
장을 잃거나 사업체가 물건을 팔지 못해 빌린
돈을 갚지 못할 수도 있죠. 채무자가 대출 계
약과 달리 돈을 상환하지 않으면 은행은 돈을
잃습니다. 따라서 은행은 이러한 채무 불이행

그리스 부채위기

2008년 글로벌 금융위기 이후 그리스 정부는
부채 상환에 어려움을 겪었습니다. IMF와 유럽
국가들은 그리스 경제를 구하기 위해 수십억
유로를 지원하는 '구제금융책'을 마련했죠.
하지만 그리스는 2015년 IMF의
채무를 상환하지 못한 첫 국가가
되고 말았습니다.

> ### 당신이 은행에서 1,000달러를 빌린다면 그건 당신의 문제다. 그러나 100만 달러를 빌린다면 그건 은행의 문제다.
> 존 메이너드 케인스

으로부터 보호받기 위해 주택 등 대출을 뒷받침할 담보를 요구합니다. 채무자가 돈을 갚지 않으면 은행은 손실을 메우기 위해 그 주택을 가져갈 수 있습니다. 대부분의 은행 대출은 채무 불이행 시 대출기관을 보호해주는 담보대출 형태입니다. 채무자가 담보를 제공할 수 없다면 돈을 빌려줄 순 있어도 큰 위험이 동반되기 때문에 훨씬 더 높은 이율을 부과하겠죠. 실제로 대출기관은 무담보대출이나 지속적인 상환 능력을 입증하지 못하는 개인과 회사에 대출을 승인해 더 높은 위험을 감수하며 고수익을 올리기도 합니다.

비용의 부담

은행은 종종 잘못된 결정을 내리기도 합니다. 위험을 감수하고 내준 대출이 실패로 돌아가 돈을 잃기도 하죠. 그러나 은행은 돈을 빌려줄 뿐만 아니라 맡겨진 돈을 관리합니다. 따라서 은행이 파산하면 예금자들도 고통을 겪게 되죠. 중앙은행은 이러한 일을 막기 위해 공적 자금을 사용해 부실 은행을 구제해주기도 합니다. 성공하면 많은 돈을 벌고, 실패해도 돈을 부담하지 않는다니 부당해 보이죠? 이를 '도덕적 해이(모럴 해저드)'라고 부릅니다. 미국의 경제학자 폴 크루그먼은 모럴 해저드를 '위험한 일을 결정하는 주체와 일이 실패할 경우 비용을 부담하는 주체가 다른 상황'이라고 표현했습니다.

134-135쪽 참고

집을 사기 위해서는 대부분 담보대출이 필요하다.

담보대출은 반드시 갚아야 한다.

+ 이자

월급 | 대출 상환

매각

비싼 대가
개인은 집을 사기 위해 큰 금액의 주택담보보다 쏠쏠 받을 수 있다. 은행은 그 사람의 소득에 근거해 상환 계획을 세운다. 상환을 하지 못하면 은행이 돈을 갚기 위해 주택을 매각해야 한다.

임금 격차

> 미국의 상위 10% 소득자는 미국 전체 소득의 절반 이상을 번다.

수 세기에 걸쳐 발전해온 자유시장 시스템은 재화와 서비스의 공급과 수요를 맞추는 효율적인 방법임을 입증했습니다. 그러나 그 혜택을 모든 사람이 동일하게 누리는 것은 아닙니다. 자유시장에는 경쟁이 필수 요소이며, 승자와 패자가 모두 존재해요.

56-57, 64-65쪽 참고

자유롭지만 불평등한 분배

무역과 산업의 세계화가 늘면서 우리는 1인당 GDP 와 같은 통계를 사용해 여러 국가의 부와 생활수준을 자주 비교합니다. 그러나 이 수치로 한 국가 내에서 부가 어떻게 분배되는지는 알 수 없어요. 많은 최빈국 에서는 사회 부유층과 빈곤층 간의 격차가 상당히 큽 니다. 선진국에서도 부의 분배는 불균등할 때가 매우 많습니다. 자유시장에서 불평등은 불가피하다고 봐 야 하죠. 어떤 경제학자들은 이를 시장 체제의 실패로 보며, 시장 체제가 불공정한 사회를 초래한다고 주장 합니다. 다른 학자들은 열심히 일한 사람에게 보상을 주고 더 생산적으로 일하고 새로운 생각을 할 수 있도 록 이끄는 시장 체제가 반드시 나쁘지만은 않다고 말 합니다. 많은 경제 개념이 그렇듯 양쪽 주장 모두 옳

> ## 사람을 평등하게 대하는 것과 평등하게 만들려는 시도는 완전히 다르다.
>
> 프리드리히 하이에크

은 면이 있으며, 실질적인 해결책은 이 반대 견해들을 절충할 때가 많습니다.

커지는 격차

자유시장은 불평등을 야기할 수도, 증폭시킬 수도 있습니다. 성공한 기업은 효율성과 경쟁 력을 더 갖추기 위해 얻은 이익을 활용합니 다. 부자는 여러 사업에 투자하며 더욱 많은 부를 얻을 수 있지만 그럴 재원이 없는 사람 은 점점 더 뒤처지죠. 이는 많은 부유국이 겪 는 사회적 문제입니다. 일부 정부는 고소득층 에게 더 많은 세금을 걷는 누진세를 도입해 복지 혜택과 최저 임금을 보장하며 저소득층 을 돕습니다.

경제학자들은 부유층과 빈곤층 간의 소득 격 차가 작고 불평등이 적은 국가는 사회적 문제 가 더 적을 뿐 아니라 경제도 성공적이고 안 정적이라고 말합니다. 그러나 미국과 영국 같 은 국가의 정부는 시장이 소득을 결정할 때

밀턴 프리드먼
(Milton Friedman, 1912~2006년)

미국에서 태어난 밀턴 프리드먼은 경제학으로 박사 학위를 취득했습니다. 그는 시카고대학교에서 학생 들을 가르치며 낮은 세금과 규제 없는 시장에 관한 개념을 발전시켰습니다. 이에 20세기 후반 가장 영 향력 있는 경제학자가 되어 리처드 닉슨(Richard Nixon) 대통령과 로널드 레이건 대통령의 고문으로 일했습니다.

일부 고임금 일자리는 몇 배 더 많은 급여뿐 아니라 추가적인 복지와 상여금을 받는다.

당신의 가치는?
직업의 임금은 각기 다르다. 간호사는 우리에게 필수적인 서비스를 제공하지만, 은행가는 자유시장에서 부를 창출한다고 여겨져 일반적으로 은행의 임원이 더 높은 임금을 받는다.

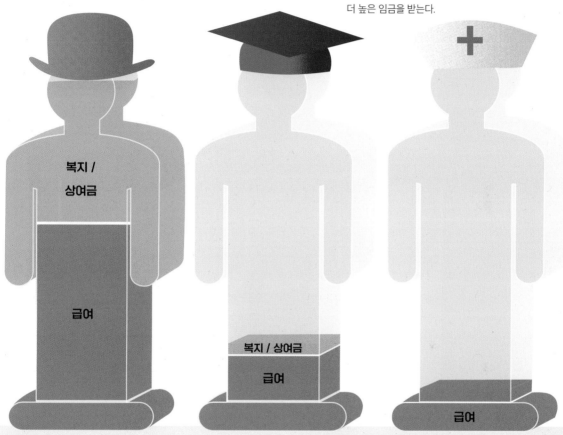

복지 / 상여금

급여

복지 / 상여금
급여

급여

경제가 가장 잘 작동한다고 믿습니다. 이 나라들의 빈부 격차는 선진국 내 다른 국가보다 크며, 점점 더 벌어지고 있습니다. 대기업의 관리자와 은행의 임원은 근로자보다 몇 배나 더 많은 돈을 벌지만, 청소부는 상대적으로 빈곤할 거예요. 이러한 불평등을 정당화하는 이론이 '낙수효과'입니다. 은행가와 사업가는 우리 모두에게 이익이 되는 부를 창출하기 때문에 가장 많은 보상을 받아야 한다는 논리죠.

모두를 위한 기회
자유시장 지지자들은 많은 사회주의 정책이 평등을 위해 인간

의 자유를 억누른다고 주장합니다. 그리고 모든 사람의 소득을 평등하게 만드는 대신 사람들이 더 쉽게 사회적 지위를 높이고 정당한 임금을 받도록 사회적 이동성을 제공해야 한다고 말하죠. 이를 위해서는 배경과 성별, 민족에 상관없이 모든 사람이 동등한 교육과 취업 기회를 제공받아 공평하게 성공 기회를 가져야 해요. 결과적으로 부는 여전히 불평등하게 분배될지라도 모든 이에게 동등한 기회를 제공하려는 의지는 훨씬 공정한 사회를 만들 것입니다.

126-127쪽 참고

빌리는 비용

돈이 필요한 사람들은 대부분 돈을 빌린 뒤 이자와 함께 갚습니다. 그러나 돈이 가장 필요한 저소득층은 대출 상환이 불확실하기 때문에 부유한 이보다 결국 돈을 빌리는 비용이 더 들 수 있어요. 불법 대출업체인 '사채업자'는 이러한 약점을 이용해 엄청난 이자율을 붙입니다.

각 나라의 통화로 살 수 있는 정도는 모두 다르므로 여러 나라의 생활비를 비교하는 것은 쉽지 않습니다. 이에 영국의 경제 잡지 《이코노미스트》는 '빅맥지수'를 적용했습니다. 전 세계적으로 동일하게 팔리는 맥도날드 빅맥 버거의 가격으로 각국의 물가를 비교하는 것이죠.

빅맥지수

일상에서의
생활수준과 불평등

대가

대부분의 사람은 저렴하면서도 품질이 좋은 제품을 찾습니다. 제품이 어떻게 생산되었는지는 신경 쓰지 않죠. 그러나 이제는 많은 사람이 최신 유행 옷과 스포츠 용품이 저렴한 이유가 착취 공장에서 강제 노역과 아이들의 노동으로 물건을 만들기 때문이라는 사실을 알게 되었습니다. 그리고 이러한 착취를 막기 위해 상품에 조금 더 많은 돈을 지불하려는 의향을 가지고 있죠.

전망이 없는 직업

서비스업은 성장하며 많은 일자리를 창출해왔지만 상점과 콜센터, 패스트 푸드점 같은 곳의 일자리는 낮은 급여를 받는 경우가 많습니다. 고용도 보장받지 못하고 승진의 기회도 적어 평생 일할 직종보다는 전망이 없는 임시직으로 여겨지기도 하죠.

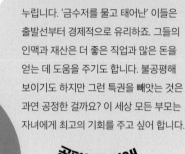

어떤 집은 다른 집보다 더 많은 특권을 누립니다. '금수저를 물고 태어난' 이들은 출발선부터 경제적으로 유리하죠. 그들의 인맥과 재산은 더 좋은 직업과 많은 돈을 얻는 데 도움을 주기도 합니다. 불공평해 보이기도 하지만 그런 특권을 빼앗는 것은 과연 공정한 걸까요? 이 세상 모든 부모는 자녀에게 최고의 기회를 주고 싶어 합니다.

공평하지 않아!

생활수준

생활수준은 나라마다 다르며, 나라 내에서도 차이가 있습니다. 선진국은 생활수준이 높은 편입니다. 어떤 나라는 인구가 많고 생활수준의 격차가 크죠. 브루나이와 같은 일부 소규모 국가는 석유 같은 자원이 풍부해 대부분의 국민이 높은 생활수준을 누리고 있습니다.

기술과 경제 발전, 시장의 성장은 전 세계적으로 엄청난 부를 가져왔습니다. 그러나 모든 사람이 동등하게 그 혜택을 받지는 못했어요. 대부분의 국민이 빈곤한 나라도 많으며, 빈부 격차가 점점 커지고 있는 선진국도 있습니다.

원조

대중 매체의 등장으로 사람들은 전 세계적인 빈곤 문제를 인식하고 돕고 싶어 합니다. 자연재해 뉴스를 접하고 자선단체에 기부하는 사람들도 꽤 많죠. 밴드에이드 콘서트 같은 자선 행사는 많은 돈을 모으지만 끊임없는 필요에 비하면 극히 부족합니다.

자선

이 세상에는 수십억 명의 빈곤한 사람도 있고, 소수의 억만장자도 있습니다. 많은 부자들이 자선 활동을 하고 재산의 일부를 자선단체에 기부하는 것을 의무로 생각해요. 하지만 그들의 부에 비하면 매우 적은 금액일 때가 많습니다.

내 **지갑**에 든 것은?

개인의 재정 관리

해야 할 일과 하고 싶은 일

직업을 갖는다는 것

안전하게 돈을 맡길 곳

나에게 정말 필요한지 생각하기

적은 돈도 아끼기

선구매 후지급?

무엇으로 계산할까?

여행 자금 마련하기

만일에 대비하기

계획 세우기

개인의 재정 관리와 가계생활비 운영. 그리고 일반적인 돈 관리까지 모든 일에는 사업의 운영과 동일한 경제 원칙이 작용됩니다. 우리는 엄마나 지출하고, 무엇을 어디서 사는지와 같은 경제적 결정을 내려요. 마찬가지로 자신의 직업과 여가 활동, 미래의 계획도 결정해야 하죠.

해야 할 일과

필요한 것, 원하는 것을 사려면 돈이 있어야 합니다. 그리고 우리는 대부분 그 돈을 벌기 위해 일을 하죠. 내가 해야 할 일과 하고 싶은 일 사이의 균형을 맞추려면 어떤 종류의 일을 해야 하는지, 그 일에 얼마나 시간을 써야 하는지 결정을 내려야 합니다.

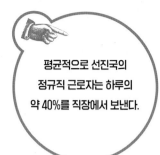

평균적으로 선진국의 정규직 근로자는 하루의 약 40%를 직장에서 보낸다.

> **삶에서 내가 좋아하는 것들은 돈이 들지 않는다. 두말할 필요 없이 우리가 가진 가장 소중한 자원은 시간이다.**
>
> 스티브 잡스(Steve Jobs), 기업가

일만 하고 쉬지 않는다면

우리는 경제적 관점에서 일에 관한 결정을 내립니다. 우리의 시간은 여러 방법으로 사용할 수 있는 자원입니다. 일정 시간은 수면과 식사처럼 꼭 필요한 일로 채워지죠. 3분의 2 정도 남은 시간은 일이나 여가를 위해 사용할 수 있어요. 행복하고 충만한 삶을 영위하기 위해서는 일과 휴식 사이의 균형을 찾는 것이 중요합니다. 그러나 가난한 나라의 많은 이들에게는 선택권이 거의 없어요. 필수품을 사기 위해 적은 임금으로 오랜 시간 일해야 하기 때문이죠. 휴식을 위한 시간도, 돈도 얻기 힘듭니다. 그러나 선진국에서는 많은 사람이 자신의 라이프스타일을 선택하고, 적합한 일과 삶의 균형점을 찾습니다.

그만한 가치가 있는가?

우리는 일을 선택할 때 얼마나 벌 수 있는지, 그 돈으로 원하고 필요한 모든 것을 살 수 있는지를 중요하게 생각합니다. 그러나 일은 우리의 시간에서 차지하는 비중이 매우 크죠. 원하는 일과 삶의 균형을 찾는 일은 '기회비용'의 한 예로 볼 수 있습니다. 원하는 것을 얻기 위해 무엇을 포기해야 하는지 따져보며 그 가치를 측정하는 것이죠. 우리에게 일로 얻는 소득은 매우 소중합니다. 하지만 여가 역시 매우 중요해요. 더 많이 일하면 소

직업(일)

하고 싶은 일

득은 늘어나겠지만 그 대가로 여가 시간은 줄어듭니다. 반대로 여가 활동을 더 즐기기로 선택하면 돈을 많이 벌 기회는 적어집니다.

시간과 기회

시간은 우리가 가진 유일한 자원이 아닙니다. 무슨 일을 할지 선택할 때는 교육과 기술, 경험 같은 다른 요소들도 영향을 미칩니다. 이러한 요소들은 결국 가능한 기회를 결정짓죠. 우리는 더 많은 임금을 받는 직업에 지원하기 위해 새로운 기술을 배우고 자격증을 얻을 수 있어요. 즉, 자신이 쏟아야 하는 추가적인 노력과 바라는 라이프스타일 사이의 균형을 찾는 것이 핵심입니다. 큰 집과 차를 원하는지, 아니면 스포츠와 취미를 즐길 더 많은 여가 시간을 원하는지 잘 생각해봐야 합니다.

일이냐, 공부냐

대학에 갈지 말지 선택하는 것도 기회비용과 관련이 있습니다. 대학에서 3년 이상 공부하며 시간과 학비를 쓰는 대신 일자리를 구해 돈을 벌 수 있죠. 반면 대학을 졸업하면 원하는 직업을 구할 좋은 기회가 많이 생기고 장기적으로는 더 나은 급여를 받을 수 있습니다.

나의 선택

직업을 선택할 때 영향을 미치는 다른 요소들도 있습니다. 세상에는 일하기 위해 사는 사람도 있고, 살기 위해 일하는 사람도 있죠. 의사나 변호사를 꿈꾸는 열망 가득한 사람도 있고, 일을 단지 원하는 물건을 살 돈벌이 수단으로만 여기는 사람도 있어요. 결국 어떤 직업을 갖고, 얼마나 많이 벌며, 어느 정도의 시간을 쓸지에 관한 선택은 경제적인 문제입니다. 원하는 삶을 살기 위해서는 우리가 가진 자원을 사용해야 합니다. 그리고 자신의 소득 수준과 선택한 라이프스타일을 맞추어야 합니다.

무엇이 더 중요한가?   **라이프스타일(삶)**

⬆ 일과 삶의 균형
삶에서 원하는 것을 얻기 위해서는 일을 해야 한다. 그러나 충분히 여가를 즐기고 싶은 욕구도 일과 함께 균형 있게 가져가야 한다.

56-57, 126-127쪽 참고

직업을
갖는다는 것

돈이 너무 많아 일을 할 필요가 없는 사람은 매우 드뭅니다. 인생의 일정 단계에 이르면 우리 대부분은 어떻게 생계를 꾸릴지 고민해야 합니다. 가장 적합한 일을 결정하는 것뿐 아니라 일자리를 구할지, 내 사업을 시작할지 생각해봐야 하죠.

> 사람은 자신에게 **가장 잘 맞는 일**을 할 때 **즐겁다.**
>
> 호메로스(Homeros), 고대 그리스의 작가

실직

일자리를 찾는 것은 결코 쉽지 않습니다. 가능한 일자리보다 사람이 더 많을 때도 있죠. 직업이 있다고 해도 회사 실적이 좋지 않으면 일자리를 잃을 수 있어요. 실직 상태를 감당하기란 쉽지 않습니다. 하지만 대부분의 정부는 실업자의 재정과 구직을 돕는 제도를 두고 있습니다.

자립

젊은 성인은 교육을 마치면 경제적으로 부모에게 독립해 자신이 필요한 물건을 살 수 있어야 합니다. 이상적으로는 자신의 기술과 지식을 활용할 수 있는 즐거운 일을 하고 싶죠. 하지만 직장을 구하는 주된 이유는 돈을 벌기 위해서일 것입니다.

대부분의 사람이 이를 위해 직업을 찾습니다. 일자리를 구해 고용주에게 일한 대가를 받죠. 고용주는 보통 일자리 공석이 생겨 새 직원을 구할 때 모집 공고를 냅니다. 구직자는 그 일이 자신에게 맞는지, 급여는 얼마인지 알아보죠. 고용주는 다양한 방법으로 임금을 줍니다. 시간당 얼마, 하루에 얼마처럼 일한 시간에 따라 임금을 지급하기도 하고, 연간 금액이 정해진 연봉 형태로 지급하기도 합니다.

유망한 장래

단순히 고용주가 제공하는 급여나 연봉만이 중요한

위로 올라가기

> 일은 인간의 존엄성과
> 쓸모 있고 **독립적인
> 자유인**이라는 자긍심의
> 기초를 이룬다.
>
> 빌 클린턴(Bill Clinton), 전 미국 대통령

커리어 사다리 ➡
근로자는 직장생활을 통해
추가적인 지식과 기술을 습득하며
승진의 기회를 얻고,
더 높이 올라갈 수 있다.

것은 아닙니다. 돈을 많이 받고 싶은 마음이야 모두 같지만 젊은 층은 새로운 기술을 배우거나 경력을 쌓을 수 있다면 급여가 낮은 일을 선택하기도 하죠. 많은 사람이 급여가 좋지 않은 일자리나 수습 제도, 무급 인턴 업무로 일을 시작합니다. 그런 다음 더 좋은 일자리로 옮기죠.

따라서 일자리를 찾을 때는 승진 기회가 있는지, 향후 경력에 도움이 될지 등도 고려해야 합니다.

👉 2014년 유럽연합에 따르면 노동 연령의 남성은 70%가 고용 상태이지만 여성은 60% 수준에 불과하다.

직장과 집

전통적으로 가족의 생계를 책임지는 '가장'은 남성이었으며, 많은 문화권에서 여성은 집에 머물며 살림과 육아 같은 '여성의 일'을 해야 한다고 여겨졌습니다. 그러나 오늘날, 특히 부유한 선진국에서는 대부분의 여성이 직장에 나가며 과거 '남성의 직업'으로 여겨졌던 일을 하기도 합니다. 이제 많은 여성이 일을 하면서 부부가 가사를 분담하거나 돈을 지불하고 다른 누군가에게 맡기는 일이 많습니다.

시간근무제는 가정과 직장의 균형을 맞추는 방법입니다. 이는 여성이 아이를 돌볼 시간을 마련하기 위한 방법이었지만 점차 남성도 많이 쓰는

추세죠. 한 직무를 2명 이상의 직원이 나눠서 하는 '직무공유제'를 도입한 회사도 있습니다. 하루에 몇 시간씩, 일주일에 며칠씩 단축해서 일을 하면 가족이나 취미생활에 쓸 시간이 많아질 거예요. 그러나 수입이 줄어들기 때문에 모든 이에게 가능한 방법은 아닙니다.

자영업

모든 사람이 고용 형태로 일하는 것은 아닙니다. 자기 사업을 운영하거나 동료와 공동 경영을 하며 자영업을 하는 사람도 많죠. 자영업을 하면 직접 결정을 내리고 사업이 잘될 때 이익을 누릴 수 있다는 장점이 있습니다. 그러나 오랜 시간 힘들게 일을 해야 하기도 하고, 일정한 수입이 보장되지 않는다는 단점도 존재합니다.

56-57, 124-125쪽 참고 ⬅

안전하게 돈을 맡길 곳

직업을 갖거나 사업을 운영하기 시작하면 자신이 번 돈으로 무엇을 할지 생각해봐야 합니다. 현금이라면 지갑이나 침대 매트리스 밑에 보관할 수도 있겠죠. 그러나 은행에 맡기는 것이 가장 안전하며, 여기엔 다른 이점도 있습니다. 은행 계좌에 돈을 보관하면 자산이 늘어나고, 필요할 때 돈을 빌려 자금을 유연하게 운용할 수 있습니다.

안전과 보장

사람들이 은행 계좌를 개설하는 가장 큰 이유는 돈을 맡기기 안전한 장소이기 때문입니다. 돈은 안전한 건물의 금고에 보관되죠. 그러나 오늘날 은행이 보관하는 현금은 상대적으로 적습니다. 은행 계좌는 컴퓨터 프로그램상의 숫자로 존재해요. 그래도 지갑에 현금을 가지고 다니는 것보다는 안전하죠. 또한 은행 계좌를 보유하는 주요 이유에는 편리함도 있습니다. 현금이나 수표가 든 급여 봉투로 주급이나 월급을 받는 사람도 있지만, 대부분의 회사는 근로자의 임금을

> **부자가 되고 싶다면 버는 것뿐 아니라 모으는 것도 생각하라.**
>
> 벤자민 프랭클린

계좌에 바로 이체합니다. 그리고 작은 업체들은 제품이나 서비스를 판매할 때 주로 현금을 받지만, 대부분의 고객은 신용카드나 현금카드를 사용합니다. 따라서 소득이 있는 대부분의 사람에게 은행 계좌는 필수입니다.

쉬운 접근성

은행은 소득을 보관할 뿐 아니라 지출을 처리하는 다양한 방법을 제공합니다. 우리는 은행의 영업점 창구나 ATM을 통해 현금을 인출합니다. 또한 은행카드를 사용해 매장이나 온라인에서 물건을 결제하죠. 그리고 집세나 대출상환금 같은 정기적인 비용은 은행에 자동 이체를 요청할 수 있습니다. 대부분의 은행은 계좌에 얼마의 돈이 들어오고 나가는지 알 수 있도록 온라인 뱅킹 서비스를 제공합니다. 우리는 온라인 뱅킹을 통해 계좌에 있는 돈을 확인하고 관리할 수 있죠.

또 다른 이점은 예상치 못한 지출이나 큰돈이 드는 구입이 필요할 때 은행이 고객에게 돈을 빌려준다는 것입니다. 마이너스통장(당좌대월)은 은행이 계좌에 있는 금액보다 더 많은 금액을 빌려주는 시스템으로, 수수료가 부과됩니다. 또는 원금을 이자와 함께 정기적으로 분할해 갚아야 하는 대출 형태도 있죠.

재무 상담

각 은행은 매우 다양한 저축 방법과 투자 방법을 제시하며 가장 좋은 선택을 하도록 돕습니다. 물론 자신의 은행을 선택하길 간절히 바라면서요. 따라서 여러 은행의 모든 서비스를 비교하고 선택에 도움을 줄 전문가를 고용하는 것이 좋습니다.

102-103, 142-143쪽 참고

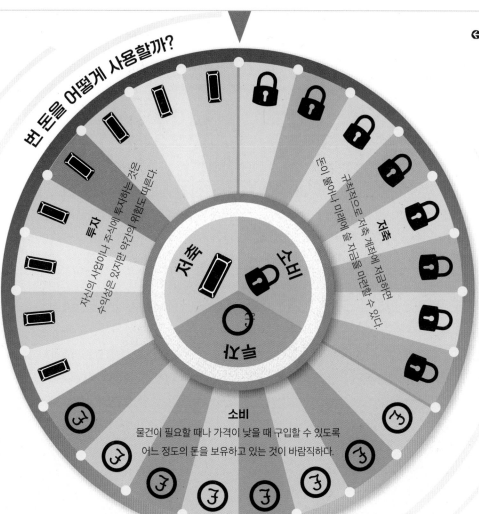

번 돈을 어떻게 사용할까?

투자
자신의 사업이나 주식에 투자하는 것은
수익성은 있지만 약간의 위험도 따른다.

저축
규칙적으로 저축 계좌에 저금하면
돈이 불어나 미래에 쓸 저금을 마련할 수 있다.

저축

소비

시간

소비
물건이 필요할 때나 가격이 낮을 때 구입할 수 있도록
어느 정도의 돈을 보유하고 있는 것이 바람직하다.

◀ 여유 자금
신중하게 돈을 관리하면
모든 필수품을 사고도
소득에서 남는 금액이
생긴다. 돈을 사용할지,
투자할지, 저축할지는
자신의 선택에 달려 있다.

남는 돈의 사용

모든 지출을 충당할 만큼 돈을 벌고도 남는 돈이 있다면 어떻게 사용하는 것이 가장 좋을지 고민될 것입니다. 가지고 싶었던 물건을 자신에게 선물하며 소비할 수도 있고, 나중을 대비해 은행 계좌에 보관할 수도 있겠죠. 미래를 위해 돈을 저축하기로 마음먹었다면 단순히 은행 계좌에 넣는 것보다 더 좋은 방법이 있습니다. 대부분의 은행은 일정 기간 돈을 보관하면 일반 계좌보다 더 나은 이자율을 제공하는 저축 계좌를 제공합니다. 이러한 계좌에 돈을 넣으면 안전하게 보관하면서도 금액을 늘릴 수 있죠. 또는 기업의 주식을 사거나 고객을 대신해 금융 상품이나 주식을 사고파는 투자 펀드에 넣어 투자할 수도

있어요. 이러한 방법은 큰 수익을 안겨줄 수도 있지만 은행에 넣는 것보다 위험이 따르기도 합니다. 따라서 결정을 내리기 전에 재무 상담을 받아보는 것이 좋습니다.

지식에 대한 투자는 최고의 이익을 가져다준다.

벤자민 프랭클린

58-59, 124-125쪽 참고

나에게 정말 필요한지 생각하기

돈을 쓸 곳은 참으로 많습니다. 식료품비나 집세 등과 같이 필수적인 것도 있고, 덜 중요한 항목도 있죠. 자신의 소득 수준에서 버는 것보다 더 많이 지출하지 않으려면 돈이 어디로 나가는지 주의 깊게 살펴야 합니다.

> **1년에 20파운드를 벌어 19파운드 19실링 6펜스를 쓰면 행복이 남는다. 하지만 1년에 20파운드를 벌어 20파운드 6펜스를 써버리면 불행이 남는다.**
>
> 찰스 디킨스(Charles Dickens), 소설가

소득과 지출

소득에 맞게 생활하려면 예산을 세워두는 것이 좋습니다. 들어오는 돈 대비 나가야 하는 돈을 기록해두는 것이죠. 가계부에 작성해도 되고, 컴퓨터로 표를 만들어 작성해도 됩니다. 어떤 방법을 사용하든 개념은 같습니다. 월급과 같은 소득을 한 달에 지출하는 금액과 비교하는 거예요.

욕구와 필요

정기적으로 소득이 생기는 직업을 가지고 있다면 예산

에 쓸 수 있는 금액이 나옵니다. 금액은 매월 동일할 거예요. 우선, 돈이 나갈 항목과 그 비용을 나열해봅니다. 지출 목록에는 가장 먼저 집세, 식료품비, 가스 요금, 전기 요금, 수도 요금 등과 같은 필수 항목이 들어가야 해요. 매월 같은 금액이 나가는 정기적인 비용도 있지만 시기마다 금액이 다른 비용도 있습니다. 통신비와 교통비, 보험료와 같이 중요한 비용도 필요하죠. 그다음에는 꼭 필요하진 않지만 즐거움을 주고 생활에 편리함을 더해주는 항목을 넣습니다. 스포츠 경기 관람, 공연 관람, 영

내가 사고 싶은 것

➡ 쇼핑 리스트

하루하루 쓰는 비용에 주의를 기울이고 우선순위 목록을 지키면 때로는 꼭 필요하진 않아도 원해왔던 것을 자신에게 선물할 수 있다.

화 관람, 독서 등과 같이 취미나 여가생활에 쓰는 비용이 이에 해당합니다.

지출 줄이기

이 모든 비용을 더하면 총지출과 소득을 비교할 수 있습니다. 지출이 소득보다 많다면 예산의 균형을 맞추기 위해 쓰는 비용을 일정 부분 줄이거나 소득을 늘리는 방법을 찾아야 해요. 더 오래 일하거나 급여가 좋은 일자리를 구해야 하죠. 보통은 소득을 늘리기보다 지출을 줄이는 편이 더 쉽습니다. 지출 항목을 정리해두면 우선순위대로 놓고 예산의 균형을 맞추기 위해 어디서 적게 쓰고 비용을 줄일지 결정할 수 있습니다. 목록 맨 위에는 꼭 지출해야 하는 항목, 없이는 살 수 없는 항목을 넣습니다. 때로는 이러한 비용도 줄일 수 있어요. 예를 들어 출퇴근을 할 때 버스를 타지 않고 걸어가고, 전기를 아껴 사용하는 것이죠. 그러나 정말 줄일 수 있는 비용은 아래쪽 항목으로, 최신 기기나 옷과 같이 자신을 위한 구입이 이에 해당합니다.

집이 우선

우리가 가장 큰 지출을 하는 고정 비용은 주거비일 것입니다. 대출을 받아 집을 사든, 임대를 한 집에서 살든 모든 선택은 소득에 달려 있습니다. 월세와 대출상환금에 따라 우리의 예산에서 남는 비용도 크게 달라질 것입니다.

즐거움도 필요하다!

이러한 물건이 정말로 필요한지 자문하면 지출을 줄이고 소득에 맞게 예산을 세울 수 있습니다. 돈이 남아 저축을 할 수도 있죠. 그렇다고 해서 자신을 위한 즐거움을 포기하라는 말이 아닙니다. 저녁 약속, 휴가 등과 같은 보상은 예산에 '오락 비용'으로 넣어두면 됩니다. 원하는 사항을 담은 위시 리스트를 작성하면 여력이 있을 때 구매할 수 있습니다. 어쩌면 결국에는 정말 필요한 물건이 아니라고 결론을 내릴 수도 있죠.

132-133, 144-145쪽 참고

내가 필요한 것

소득의 90% 이상을 지출하지 않도록 하자. 적어도 10%는 추후 발생할 수 있는 큰 지출을 위해 남겨두자.

적은 돈도 아끼기

필요 이상으로 돈을 쓰고 싶은 사람은 없을 것입니다. 특히 예산이 빡빡할 때는 더욱 그렇죠. 비싼 제품을 사지 않으면 절약할 수 있지만, 꼭 구입해야 하는 물건도 있습니다. 그러나 조금 더 생각하고 계획을 세우면 필수품에 드는 비용을 줄일 수 있습니다.

> ## 소소한 지출도 신경 쓰자. 작은 틈이 큰 배를 침몰시킨다.
>
> 벤자민 프랭클린

매일 저축하기

돈의 지출 목록을 살펴보면 집세나 대출금처럼 정기적으로 납입해야 하고 줄일 수 없는 고정 비용이 있을 것입니다. 그리고 그때그때 금액이 다른 자잘한 지출도 많죠. 식료품비, 전기 요금, 수도 요금, 교통비 등 일상생활에 필요한 비용은 지출의 큰 부분을 차지합니다. 우리가 줄일 수 있는 것은 바로 이러한 일상적인 비용입니다. 여러 지출에서 절약할 수 있는 금액이 푼돈처럼 적어 보여도 시간이 지나면 상당한 비용이 절감됩니다. 우리는 가격을 생각하지 않고 물건을 사고 쓸 때가 많아요. 더 저렴한 대안이 있거나 돈을 낭비한다는 생각을 하지 못하면서요. 조금만 더 생각하고 꼼꼼하게 계획을 세우면 지출을 줄일 수 있습니다. 예를 들어 전자기기를 사용하지 않을 때는 전원을 끄고, 난방을 틀기보다는 따뜻한 옷을 입는 것처럼 소비를 줄이는 확실한 방법이 있죠.

> 선진국에서는 매년 1인당 약 100kg의 음식이 버려진다.

편리한 생활

우리는 단순히 보다 편리한 삶을 위해 많은 것에 돈을 씁니다. 즉석 식품이나 포장 음식은 신선한 재료를 구입해 직접 요리하는 것보다 비쌉니다. 차가 있으면 대중교통보다 훨씬 편리하지만, 유지비가 많이 듭니다. 최신 스마트폰은 성능이 매우 뛰어나다고 하는데 현재 우리가 사용하고 있는 것보다 정말 더 유용할까요?

싸게 사기 →

사과를 상하기 전에 다 먹을 수 있다면 낱개로 사는 것보다 큰 묶음으로 사는 편이 돈을 절약할 수 있다.

작은 변화, 큰 절약

돈을 절약하기 위해 자신의 라이프스타일을 바꿀 필요는 없습니다. 장을 볼 때 미리 계획을 세우면 그냥 장을 볼 때보다 비용을 줄일 수 있습니다. 특가에 파는 제품이 있는지 살펴보는 것도 좋죠. 이 제품이 얼마나 필요한지, 유통기한 전에 다 쓸 수 있는지 생각해보는 것도 중요합니다. 음식을 버리는 건 그야말로 돈을 버리는 건데, 놀랍게도 이런 낭비가 꽤 많습니다. 또한 물건 가격이 너무 싸다고 현혹되지 않도록 주의해야 합니다. 특히 옷과 가구, 전자기기 같은 물건을 살 때는 돈을 조금 더 쓰더라

소비자 보호

많은 나라가 소비자를 보호하는 법률을 두고 있습니다. 판매자가 재화와 서비스를 팔 때 소비자를 기만하지 않도록 하기 위함이죠. 이러한 법은 허위 광고와 거짓된 가격 정보, 실제보다 더 많이 든 것처럼 보이게 하는 과대 포장 등으로 소비자를 현혹하지 않도록 방지합니다.

도 오래 사용할 수 있는 것을 선택하는 것이 바람직합니다. 시간을 내 물건을 둘러보고 여러 제품과 가격을 비교해보세요. 무엇보다 나중에 후회할 충동구매는 금물입니다. 필요하고 원하는 것을 목록으로 만든 다음 지키도록 합시다. 일상생활에서 적은 금액을 아끼면 생활비를 예산에 맞게 유지할 수 있습니다. 그렇게 절약하다 보면 가지고 싶었던 물건을 살 때 보탬이 될 수도 있습니다.

큰돈도 아끼자

'푼돈을 아끼면 큰돈이 저절로 모인다'라는 말이 있습니다. 그러나 큰돈을 쓸 때도 마찬가지로 주의해야 합니다. 비싼 헬스클럽 회원권을 구입하고는 시간이 없어 사용하지 않는다면 작은 지출에서 아낀 돈이 물거품이 될 거예요.

128-129, 130-131쪽 참고

때로는 싼 것이 비지떡이다.

116-117, 130-131쪽 참고

선구매 **후**지급?

예산 관리란, 자신의 소득 수준 내에서 감당할 수 있는 범위를 넘지 않으며
생활하는 것을 말합니다. 그러나 물건이 필요한데 돈이 충분치 않을 때도 있죠.
그럴 때는 돈을 빌려 필요한 것을 구매하고 일정 기간 동안
비용을 나누어 갚는 방법이 있습니다.

저축

물론 지출은 자신의 소득 수준에 맞게 하는 것이 현명합니다.
그러나 어떤 일들은 자신의 은행 계좌에 있는 금액보다 더 큰
비용이 들기도 합니다. 자동차 구입이나 해외여행 같은 일은 돈
을 충분히 모을 때까지 결제를 미룰 수 있지만 긴급하게 수리
해야 하거나 그 돈을 모으기까지 너무 오래 걸리는 일도 있죠.
이러한 비용을 내는 한 가지 방법은 돈을 빌리는 것입니다.

집이 최고

특히 청년층은 돈을 벌기도 전에 큰 비용을 짊어지는 경우가 많
습니다. 많은 사람이 학자금 대출을 받습니다. 학업을 위해 돈
을 빌리고 나중에 직장을 구한 뒤 상환하는 것이죠. 창업을 위
해 돈을 빌린 뒤 사업을 키우면서 상환금을 갚기도 합니다. 그

⬇ 할부 구입

자동차와 같이 고가의 제품을 판매하는 일부
사업체에서는 고객이 원할 때 차를 구매하고
비용을 나누어 상환할 수 있도록
돈을 빌려준다.

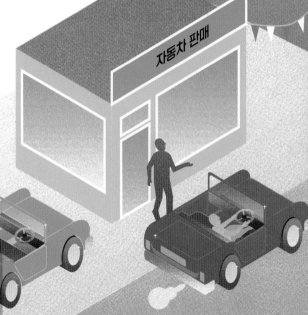

신용등급

은행은 돈을 빌려주기 전에 채무자의 상환
능력을 확인합니다. 일반적으로 신용평가
기관 같은 회사에 채무자의 재무 기록을
평가해달라고 요청하죠. 신용등급은 채무
자의 소득과 재산뿐 아니라 과거에 부채를
얼마나 잘 상환했는지와 같은 신용 기록을
기반으로 결정됩니다.

러나 대부분은 집을 사는 데 가장 큰 비용을 쓸 것입니다.
대출 없이 집을 구매할 수 있는 사람은 매우 드물죠. 주택이
나 아파트를 사기 위한 대출을 '주택담보대출(모기지)'이라
고 부르며, 그 부동산을 담보로 잡기 때문에 은행은 보통 다
른 대출보다 이자율을 적게 책정합니다. 그러나 대출을 갚

돈을 빌릴 때마다 당신은 미래의 자신에게서 돈을 뺏는 것이다.

네이선 W. 모리스(Nathan W. Morris), 작가

큰 구매는 몇 개월이나 몇 년에 걸쳐 갚을 수 있다.

미국 연방준비제도에 따르면 2015년 미국 가정의 평균 신용카드 빚은 7,281달러다.

과합니다. 이자가 계속 더해지는 것이죠. 은행은 주택담보 대출과 같이 큰 대출 외에 다른 방식으로도 돈을 빌려줍니다. 예를 들어 자동차 수리와 같이 예상치 못한 비용을 낼 돈이 충분하지 않다면 은행의 마이너스통장을 통해 빌리기도 합니다. 마이너스통장을 사용하면 자신의 계좌에 있는 돈보다 더 많은 돈을 인출하고 가능할 때 갚을 수 있죠.

지 않으면 은행에 집을 빼앗길 수 있죠.

큰 이자 비용

대출은 필요하거나 원하는 것을 바로 얻고 일정 기간 동안 정기적으로 상환하며 비용을 분산할 수 있다는 장점이 있습니다. 가장 큰 단점은 대출기관인 은행이 대출에 이자를 부과한다는 것이죠. 결국 채무자는 원래 빌린 돈보다 더 많은 돈을 갚는 셈입니다. 그리고 그 금액은 원금의 두 배 이상이 될 수도 있어요. 일반적으로 대출을 상환하는 데는 몇 년이 걸리고, 연간 이자율을 적용하기 때문입니다. 대출기관은 그저 원금에 이자를 부과하는 것이 아니라 매년 계속 남아 있는 총금액에 이자를 부

신용카드 결제

다른 방법은 신용을 사용해 구매하는 것입니다. 놓칠 수 없는 할인 상품이나 특가 여행 상품을 결제할 때 신용카드로 구입하는 것이죠. 다른 형태의 대출과 마찬가지로 신용카드는 지급을 뒤로 늦추는 유용한 방법이지만 단점도 있습니다. 사용한 총금액을 빨리 갚지 않으면 빚진 금액에 높은 이율이 부과되고 부채가 늘어날 거예요. 모든 형태의 부채는 빚에 빠져 허우적거리지 않도록 정기적으로 상환 계획을 세우는 것이 중요합니다.

138-139쪽 참고

직업과 월급

자유시장에서 우리가 받는 임금은 수요와 공급에 달려 있습니다. 예를 들어 변호사는 필요한 기술을 가진 이가 적고, 사람들이 서비스에 많은 돈을 내기 때문에 높은 급여를 받습니다. 반면 카페 직원은 많은 사람이 그 일을 할 수 있고, 커피를 팔아 남기는 이익이 적기 때문에 임금이 낮죠. 그러나 실상에서는 언제나 이렇게 간단한 문제가 아닙니다

임금의 노예

육체노동자와 비숙련 노동자는 보통 가장 낮은 급여를 받습니다. 일을 할 수 있는 사람이 너무 많아 쉽게 대체될 수 있기 때문에 협상의 여지가 적죠. 기업은 가격 경쟁력을 위해 육체노동이나 비숙련 노동을 가장 낮은 가격에 삽니다. 노동 인력을 기계나 더 싼 외국인 노동자로 대체하기도 하죠. 비숙련 노동자는 단기 계약으로 고용되고 비즈니스가 좋지 않을 때 해고될 수 있어 고용이 불안정한 편입니다.

성별 임금 격차

이론적으로 남성과 여성은 같은 직업을 놓고 경쟁할 때 동등한 협상력을 가져야 합니다. 그러나 실제로는 여성이 훨씬 더 적은 급여를 받는 편이며, 미국에서는 남성과 여성의 급여가 20% 이상 차이가 납니다. 성별 임금 격차를 줄이기 위한 법이 생겼음에도 상황은 크게 달라지지 않았죠. 이 상황을 보는 다양한 해석이 많지만, 가장 분명한 원인은 성차별로 보입니다.

기업
CEO

앉아서 일하는 사람이 서서 일하는 사람보다 더 많이 번다.

오그던 내시(Ogden Nash), 시인

높은 급여

과거에는 의사와 감정인 같은 전문직이 가장 높은 급여를 받았습니다. 오랜 시간 교육받아야 하고 일정 기술이 필요하다는 것은 그 일을 할 수 있는 사람이 적다는 이야기겠죠. 최근에는 유명인과 기업의 경영인, 상여금과 수수료를 받는 금융업계 종사자들의 급여가 이러한 전문직을 앞질렀습니다. 2015년 영국에서는 증권중개인의 평균 연봉이 약 18만 4,000달러인 것에 반해, 연차가 있는 의사의 평균 연봉은 약 11만 6,000달러인 것으로 나타났습니다.

영국 상위 100대 기업의 CEO는 정규직 근로자보다 평균적으로 약 183배 더 많은 돈을 받는다.

↑ 급여의 차이
기업과 은행의 경영진은 선진국에서 좋은 대우를 받는다. 일부 전문가는 높은 급여를 받지만, 비숙련 노동자는 경기가 좋지 않을 때 매우 취약하다.

항공기 조종사

건설 노동자

힘든 일

어떤 이들은 더럽고 폐쇄적이고 위험하기까지 한 일을 맡습니다. 그러한 일은 열악한 조건에서 오랜 시간 견뎌야 할 때가 많아요. 대부분 선택의 여지가 없기 때문이죠. 많은 경우 최악의 일은 보수도 매우 낮습니다. 여러 개발도상국에서는 아이들조차 안전이 취약한 착취 공장이나 값싼 제품을 만드는 열악한 공장에서 매우 적은 임금을 받으며 일합니다.

신용카드
구매를 위해 효과적으로 돈을 빌리는 빠르고 간편한 방법인 신용카드는 매우 유용하지만, 제때 갚아야 높은 수수료를 내지 않는다.

현금카드
현금카드로 결제하면 자신의 은행 계좌에서 금액이 직접 인출되어 돈을 받을 대상의 계좌로 바로 이체된다.

우리는 카드나 스마트폰으로 대부분의 비용을 지불할 수 있다.

무엇으로 계산할까?

오랜 시간 동안 사람들은 현금을 사용해 재화와 서비스를 구입했습니다. 하지만 신용카드와 현금카드, 전자 송금처럼 다양한 지급 방법이 하나둘 등장했죠. 21세기에 들어서는 소액 결제조차 현금을 사용하지 않는 거래가 빠르게 일반화되고 있습니다.

> **가난한 이에겐 현금이 신용카드다.**
> 마샬 맥루한(Marshall Mcluhan), 미디어 이론가

ATM에서 현금카드나 신용카드를 사용해 쓸 돈을 인출해야 합니다.

12-13, 22-23쪽 참고

현금 보유

현금이 불필요한 사회로 이행하고 있어도 여전히 지폐와 동전은 널리 사용되고 있습니다. 신문이나 커피를 살 때처럼 소액 결제 시엔 더욱 그렇죠. 특히 저개발국의 소규모 점포는 현금 이외의 지급 방법을 처리할 만한 설비가 없습니다. 따라서 이제 외출할 때 많은 돈을 가지고 다닐 필요가 없다고 해도 지갑에 약간의 현금을 지니는 것이 좋죠. 그리고 대부분 그렇듯 은행에 돈이 있다면 필요할 때 직접 방문하거나

카드를 쥐다

오늘날 카드와 그 기술은 지급 방식을 혁명적으로 바꾸어놓았습니다. 우리는 카드를 이용해 ATM에서 현금을 인출하고 직접 결제하죠. 전화나 온라인으로 물건을 주문하는 데도 사용합니다. 이제 전 세계 상점과 기업에서 현금카드와 신용카드를 사용할 수 있고, 스토어카드처럼 물건을 구입할 때 사용하는 자체 신용카드를 발행하는 상점도 있어요. 현대식 카드는 플라스틱으로 만들어 카드로 계산하는 것을 '플라스틱 결제'라고 부르기도 합니다. 이 플라스틱에는 상점의 카드 기계가 읽을 수 있는

스마트폰
애플리케이션
신용카드나 현금카드처럼
은행 애플리케이션도
사용할 수 있지만,
PIN으로 거래를
확인하지 않아
보안상 소액 거래만
가능할 수 있다.

현금
많은 사람이 특히 소액 결제에는 여전히 현금 사용을 선호한다.
일부 소규모 업체는 카드를 받지 않기도 한다.

마그네틱 선이나 전자 칩이 내장되어 있습니다. 우리가 PIN을 입력해 확인하면 카드 기계는 은행에 상점의 계좌로 돈을 이체하도록 지시하죠. 현금카드는 자신의 계좌에 구입비를 충당할 돈이 있으면 그 금액이 빠져나갑니다. 하지만 신용카드는 다릅니다. 신용카드는 사실상 은행이 거래에 필요한 돈을 빌려주면 나중에 갚는 방식입니다. 최근에는 전파를 통해 단말기와 통신하는 전자 칩이 장착된 차세대 '스마트카드'가 등장했습니다. 카드를 삽입하는 대신 단말기에 가까이 대기만 하면 되는 시스템입니다. 굉장히 빠른 '비접촉' 결제가 가능해진 것이죠. 또한 유사한 기술을 사용해 개발된 스마트폰 애플리케이션 역시 비접촉식 결제 방식으로, 모든 카드 대신 사용할 수 있습니다.

온라인

현금이나 카드 외에도 결제가 가능한 방법이 있습니다. 수도 요금, 전기 요금 등과 같은 비용은 자동 납부를 설정해 자신의 계좌에서 바로 비용이 빠져나가도록 은행에 요청

할 수 있어요. 정기적으로 월세가 이체되도록 설정할 수도 있죠. 오늘날 대부분의 은행은 온라인 뱅킹 서비스를 제공합니다. 이를 통해 계좌의 주인이 집에 있는 컴퓨터나 태블릿, 스마트폰을 이용해 자신의 돈을 직접 관리할 수 있습니다. 우리는 보안된 웹 사이트에 들어가 계좌 잔고를 확인할 수 있습니다. 또한 상대방의 계좌 정보를 알면 직접 돈을 이체해 결제할 수도 있습니다.

온라인 결제

이제는 많은 회사가 인터넷을 통해 비즈니스를 합니다. 우리는 모든 종류의 상품과 서비스를 온라인으로 주문하고 집에서 받을 수 있죠. 현금카드와 신용카드를 사용하거나 페이팔 같은 온라인 결제 회사를 통해 자신의 은행 계좌에서 전자로 돈을 송금하면 됩니다.

여행 자금 마련하기

20-21쪽 집중독해

이제는 더 쉽고 저렴하게 해외를 방문할 수 있습니다.
많은 사람이 출장, 여행 등의 목적으로 정기적으로
외국에 갑니다. 일자리나 학업을 위해 외국에 정착하기도 하죠.
다른 문화를 경험하는 것은 흥미롭고 얻는 점도 많지만
다른 통화를 사용하는 건 힘들 때도 있습니다.

> **우리의 목적지는 결코 장소가 아니다.
> 상황을 바라보는 새로운 시각이다.**
>
> 헨리 밀러(Henry Miller), 미국의 작가

휴가 자금

세계에는 200여 개의 국가가 있으며, 대부분 자체 통화를 가지고 있습니다. 유로존에 속한 19개 유럽 국가와 같이 단일 통화를 공유하는 곳은 매우 드뭅니다. 따라서 외국을 방문하면 사람들이 자기 나라의 돈과 다른 통화를 사용하는 것이 당연하겠죠. 아주 드물게 미국 달러나 유로화처럼 주요 화폐를 받는 곳도 있지만, 대부분의 경우에는 현지 통화로 계산해야 합니다. 방문할 나라의 통화로 돈을 환전해야 하는 것이죠. 환전은 대부분의 은행이나 환전소에서 할 수 있습니다. 이때 이 점을 기억해야 해요. 자국의 돈을 같은 금액의 다른 나라 통화로 교환할 수는 없습니다. 은행이나 환전소가 그러한 거래에 수수료를 부과하기 때문이죠. 일반적으로 수수료는 우리가

해외로 가기 위해 환전할 때 비용이 든다.

> 여러 나라에서 발행하는
> 유로화는 모양이 달라도
> 유로존 어디에서나
> 사용할 수 있다.

환전하는 금액의 일정 비율로 책정됩니다.

통화 비용

가지고 있는 영국 파운드를 미국 달러로 바꾼다고
가정해봅시다. 공식 환율은 '£1 = $1.50' 정도이지만
환전소에서는 더 낮은 환율로 팔고 더 높은 환율로 구
매합니다. 따라서 환전할 때 은행은 각 파운드에 대해
1.40달러를 제공하며 10센트를 효과적으로 남기
죠. 그러나 여행에서 돌아와 달러를 다시 파운드로
바꾸면 환전소는 1.60달러를 1파운드에 구입할 거예
요. 환율보다 10센트 더 비싸죠. 환전 비용
은 지역마다 다르지만 적게는 5%부터
많게는 15~20%까지 다양합니다. 그리고 은
행이나 우체국보다 공항과 관광지에서 그 비용이
더 비싼 경우가 많죠. 환율은 계속 변하기 때문에 미리
계획을 세워 환율이 유리할 때 환전하면 돈을 절약
할 수 있습니다. 자신에게 환율을 우대해줄 것이라
생각되는 은행에서 하면 더욱 좋겠죠.

환상적인 플라스틱

여행에 사용할 현금을 마련하는 대신 다른 방법도 있
습니다. 현금카드와 신용카드는 전 세계에서 널리 사
용할 수 있습니다. 숙박비, 기념품 구입비 등을 내는 데
쓸 수 있죠. 여행 전에 필요한 금액을 충전할 수 있는
선불 현금카드도 있습니다. 그렇다고 해도 소액 구매
에 사용할 현금은 여전히 필요할 거예요. 현금은 자국
에서처럼 현금카드나 신용카드를 사용해 ATM에서
인출할 수 있습니다. 단, 불가피하게 환전 비용은 발생
하죠. 은행은 다른 통화로 지급하는 금액에 수수료를
붙일 뿐만 아니라 환율도 자사에 유리하게 적용합니
다. ATM에서 현지 통화를 인출할 때도 수수료가 붙습
니다.

해외에 가지 않아도 환전 비용을 내야 할 때가 있습니
다. 다른 국가에 있는 물건을 온라인으로 구입하는 경
우, 판매자는 자국 통화로 돈을 받길 원할 거예요. 그러
면 은행은 이 거래를 처리하며 수수료를 부과하죠. 해
외에 있는 고객이나 공급업체와 비즈니스를 한다면
여러 통화가 오가는 비용을 반드시 고려하여 청구 가
격에 반영해야 합니다.

환전소

은행과 일부 우체국뿐 아니라 환전을 전문으로 하
는 업체가 있습니다. 이러한 화폐거래소나 환전소
는 주로 관광지와 도심, 공항, 기차역에서 운영됩니
다. 일반적으로 환전소에서는 거래하는 통화 목록
을 현지 통화 가격으로 얼마에 구입하고 판매하는
지 제시하죠.

만일에 대비하기

어린 시절부터 "돈을 함부로 쓰지 말고 원하는 것을 살 수 있을 때까지 모아라"라는 말을 들으며 자란 사람이 많을 것입니다. 어른이 되어 생활비를 지출하다 보면 소득에서 남는 게 별로 없을 때가 많죠. 그러나 검소하게 저축을 하다 보면 적은 금액이라도 유용하게 쓸 만한 돈이 될 수 있습니다.

안전한 곳

전 세계 어린이는 소비보다 저축을 해야 하고, 미래를 위해 일정 금액을 안전한 곳에 보관하는 것이 현명한 것이라고 배웁니다. 돈을 정기적으로 조금씩 저축하면 그 금액은 점차 불어나 평소에는 감당하기 힘든 비용을 낼 만큼 모이기도 하죠. 저축을 하는 또 다른 이유는 고장 난 컴퓨터의 수리나 교체 같은 예상치 못한 비용이 발생하는 상황에 대비하기 위해서입니다. 우리에게 친숙한 돼지 저금통의 이미지는 저축의 개념을 보여주는 데 자주 사용되죠. 그러나 어떠한 한곳에 돈을 넣는 것보다 더 나은 저축 방법들이 있습니다. 특히 그 금액이 동전 몇 개 이상이라면요. 우선 은행에 돈을 맡기면 도난의 위험이 없습니다. 무엇보다 저축을 하면 이자를 주니 돈을 더욱 빨리 불릴 수 있습니다.

128-129쪽 참고

자산 불리기

은행 계좌는 유형이 다양한데, 그중에는 저축을 위해 특별히 고안된 상품도 있습니다. 그러한 저축 상품은 이자율이 높은 편이죠. 보통 정기적으로 월이나 년마다 계좌에 든 금액에 이자를 더해줍니다. 예를 들어 100파운드 정도의 목돈이 생겼다고 가정해봅시다. 이 돈을 저축하고 싶다면 연간 10%의 이자를 제공하는 저축 계좌에 넣을 수 있을 것입니다. 1년 후 그 돈은 10% 증가한 110파운드가 되지만 복리이기 때문에 그다음 해에는 110파운드의 10%가 증가합니다. 10파운드가 아닌 11파운드를 추가로 받는 것이죠. 복리로 돈이 증가하는 방식을 계산하는 편리한 방법도 있어요. 바로 '72의 법칙'입니다. 이자율이 연간 ○%라면 72를 ○년으로 나눈 시기마다 원금의 두

⬇ **초기 투자**
1,000파운드를 10년 동안 연 10%의 이자율을 제공하는 예금 계좌에 넣는다고 가정해보자.

⬇ **1년 후**
처음의 1,000파운드에서 10%의 이자인 100파운드가 붙어 이제 계좌에는 1,100파운드가 있다. 내년에는 1,100파운드의 10%가 붙어 금액이 더 커지고 계속 이렇게 불어난다.

➡ **5년 후**
매년 돈이 증가해 이전의 이자가 합쳐진 총액에 이자가 더해진다. 5년 만에 금액은 1,610.51파운드로 늘어난다.

저축은 날이 갈수록 불어나

배가 될 거예요. 따라서 이자율이 연 8%라면 이 금액은 9년 후에 두 배가 됩니다. 돼지 저금통에 보관하는 것보다 훨씬 나은 저축 방법이죠.

14세기 인도네시아 자바에서 동전을 보관하는 돼지 모양의 통인 최초의 돼지 저금통이 생겨났다.

오늘 누군가가 그늘에 앉아 쉴 수 있는 건 오래전에 누군가가 나무를 심었기 때문이다.

워런 버핏

고정금리

실제로 이자율은 시간이 지나며 바뀝니다. 내 계좌에 있는 금액은 매년 이자가 적용되는 시기의 이자율에 따라 증가하죠. 이자율은 계좌를 개설했을 때보다 더 높을 수도, 낮을 수도 있습니다. 불확실성을 피하고자 일정 기간 고정된 이자율로 계좌를 개설할 수도 있습니다. 하지만 이럴 경우 이자율이 인상되면 자신에게는 손해죠.

잃는 이자

계좌에 돈을 오래 보관할수록 금액이 늘어납니다. 때때로 돈을 추가로 입금하면 더욱 빨리 늘어나죠. 은행은 5년이나 10년처럼 일정 기간 돈을 인출하지 않기로 동의할 경우 최고의 이자율을 제공합니다. 이는 약정 기간이 끝나면 더 큰 목돈을 받지만 급할 때 꺼내 쓸 수 없다는 의미도 담겨 있습니다. 만약 만기 전에 돈을 꺼내 쓰려면 그에 따른 위약금이 발생할 거예요. 그렇기 때문에 대부분의 사람은 정말 필요한 경우가 아닌 이상 예금을 쉽게 해지하지 않습니다.

144-145쪽 참고

마지막 수확
최초의 저축액인 1,000파운드는 7년 후 1,948.72파운드로 두 배가량 증가한다. 10년이란 기간이 끝나는 시점에는 총 2,593.74파운드를 받게 된다.

미래를 준비할 수 있다.

투자를 위해 구매

많은 사람이 필요하거나 원하는 것을 구입하고 남은 돈은 저축합니다. 그러나 어떤 이들은 그 돈으로 집이나 금, 보석, 예술 작품, 고급 와인처럼 투자 가치가 증가할 거라 믿는 것을 구입합니다.

계획 세우기

우리는 살아가면서 어떤 인생을 살지, 무슨 직업을 가질지, 어디에서 거주할지, 돈을 어떻게 쓸지 등을 결정합니다. 그리고 미래는 예측할 수 없으므로 일이 잘못될 경우 우리를 보호해줄 계획을 세워야 합니다.

> ## 연금은 수당을 나중에 받는 것뿐이다.
>
> 엘리자베스 워런(Elizabeth Warren), 정치인

책임

젊은 성인이 독립하기 위해 집을 떠나면 책임질 것이 생깁니다. 집세와 공과금도 내야 하고, 식료품, 옷 등도 모두 알아서 해결해야 하죠. 이러한 책임을 지기 위해서는 일을 하거나 사업을 운영해 소득을 발생시켜야 합니다. 그렇게 삶을 하나하나 꾸려 나가면 더욱 많은 재정적인 책임을 져야 합니다. 그 과정에서 주택이나 아파트를 사기 위해 담보대출을 받는 경우도 있고, 사업을 위해 돈을 빌리는 경우도 있죠. 대출은 보통 오랜 기간에 걸쳐 정기적으로 금액을 갚기로 약정합니다. 금액을 낼 소득이 있다면 이런 종류의 책임을 져도 괜찮아요. 하지만 소득에 문제가 생기면 돈을 갚아 나가는 데 문제가 발생합니다. 이럴 경우 배우자나 가족이 있다면 이는 모두의 문제가 되기도 합니다.

모든 게 잘못된다면?

새로운 일의 시작이나 결혼, 집 구매 같은 중요한 미래를 계획할 때 일이 틀어질 것이라고 생각하는 사람은 그리 많지 않습니다. 그러나 나쁜 일은 예상치 못한 순간에 발생합니다. 회사가 파산하면 자신의 잘못이 아니어도 일자리를 잃을 수 있고, 질병으로 일하지 못하는 경우도 생길 수 있죠. 많은 나라의 정부가 실업자와 병자에게 재정적인 지원을 제공합니다. 그들이 소득이 있을 때 낸 세금으로 비용을 충당하는 것이죠. 그러나 이러한 지원금으로는

미리 계획하면 장밋빛 미래가 펼쳐진다!

↻ 앞을 내다보기
삶은 예측할 수 없지만, 미리 계획을 세우면 더 안락한 여정을 보낼 수 있다. 보험과 저축은 재정적으로 어려울 때 자금을 제공해 예상치 못한 비용을 처리할 수 있다.

우리는 바라기만 하는 데에 계획하는 만큼의 에너지를 쓴다.

엘리너 루스벨트(Eleanor Roosevelt), 정치인

기본적인 비용을 감당하기가 쉽지 않습니다. 따라서 계획을 세울 때 어느 정도의 보험을 포함시키는 것이 좋습니다. 비상 자금을 규칙적으로 저금해두는 것과 비슷해 보일 수 있지만 보험 정책이 좀 더 안정성을 주며 금액을 분할해 납부할 수 있죠. 융자나 담보대출을 받으면, 비용을 낼 수 없을 때를 대비해 그 금액을 부담하는 보험을 들 수 있습니다. 질병에 걸리거나 사고가 날 경우 소득과 의료비를 지급하는 보험 정책도 있죠. 생명보험은 당신이 사망할 경우 가족에게 돈을 지급합니다.

대부분의 정부는 퇴직연금을 제공하지만, 예전처럼 안락한 삶을 누리기에는 그 금액이 충분치 않을 수 있어요. 은퇴 후에 추가적인 수입원이 되는 개인연금이 이를 보완해줄 수 있죠. 연금은 소득이 있으면 정기적으로 금액을 부어야 하며, 어떤 회사는 근로자의 연금을 지원해주기도 합니다. 우리의 계획은 대부분 미래를 염두에 두고 있지만, 사후에 일어날 일도 계획을 세워둘 필요가 있습니다. 그동안 들어온 보험과 소유한 돈, 재산이 어떻게 될지 생각해봐야 합니다. 모두 남겨진 사람들의 일이 될 테니까요. 사망 후 재산은 세금 문제를 처리한 뒤 가족에게 상속됩니다. 바라는 사항을 공식적으로 기록한 유언장을 작성하면 재산의 상속인과 납부해야 하는 세금에 관한 법적 논쟁을 피할 수 있을 것입니다.

노화

나이가 들면 우리의 상황도 달라집니다. 일을 그만두어야 하는 순간이 찾아오죠. 그래도 여전히 소득은 필요합니다.

선원과 해적은 바다에서 죽을 때를 대비해 장례비를 치를 금 귀걸이를 착용했다는 전설이 있다.

독립

대부분의 젊은 성인은 가족을 떠나 독립적으로 생활합니다. 정기적으로 돈을 벌어 재정이 안정되면, 집세를 내거나 담보대출을 상환하는 방식으로 집을 마련하는 장기적인 책임도 지게 되죠. 그리고 많은 이들이 자신의 가정을 꾸리고 싶어 합니다. 이때 향후 오랜 기간 자녀를 양육해야 하는 재정적인 책임도 생각해야 합니다.

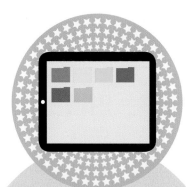

정리

돈을 관리하고 예산을 적절하게 계획하려면 자신의 수입과 지출에 관한 정보가 필요합니다. 이때 지출한 금액과 벌어들인 금액을 장부나 컴퓨터에 기록하는 것이 좋습니다. 그리고 정기적으로 은행 계좌를 꼭 확인하도록 합시다.

해외여행은 일이 잘못되면 큰 비용이 발생할 수 있습니다. 날씨로 인해 일정이 지연되는 경우 예산보다 더 많은 돈을 써야 할 수도 있죠. 강도를 당하거나 병원 치료가 필요한 상황이 발생할 수도 있어요. 따라서 여행을 가기 전에 여행자 보험에 가입해 보호막을 마련해두는 것이 좋습니다. 각 여행에 관한 보험을 들거나 해외에 나갈 때마다 보장해주는 보험 상품에 가입할 수 있습니다.

안전한 여행

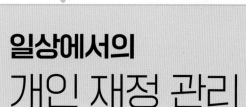

일상에서의
개인 재정 관리

은행은 누군가가 돈을 빌리러 오면 상환 능력이 있는지, 상환하지 못할 경우를 대비해 집과 같은 담보물을 가지고 있는지 등을 알고 싶어 합니다. 이러한 필요 정보를 제공하면 대출을 받기 더욱 수월하니 은행에 가기 전에 꼼꼼하게 준비하는 것이 좋습니다.

준비

도움받기

여유 자금이 있을 때는 어떻게 저축하는 것이 가장 좋은지 판단이 서지 않을 수도 있습니다. 저축 상품은 매우 다양하니 재무 상담사의 도움을 받는 것이 좋습니다. 대출이나 부채 문제로 상담이 필요한 경우 도움을 주는 기관도 있으니 잘 활용하기 바랍니다.

청년층의 실업률은 나머지 인구보다 더 높을 때가 많습니다. 같은 직업에 지원하는 청년들이 많은 경우가 보통이죠. 노동시장에서 경쟁력을 갖고 좋은 구직 기회를 얻기 위해서는 다른 지원자는 부족할 수 있는 학력과 적합한 기술을 갖추는 것이 좋습니다.

구직시장

인터넷 보안

은행과 서비스 제공업체는 소프트웨어와 암호를 사용해 안전한 인터넷 거래를 도모합니다. 우리 역시 자신의 돈을 보호하려 노력해야 해요. PIN과 비밀번호는 비밀로 유지하고, 신뢰할 수 있는 사이트만 사용해야 합니다. 그리고 지갑과 마찬가지로 스마트폰에도 해커가 노릴 만한 중요한 정보가 담겨 있으니 안전하게 지니고 다녀야 합니다.

개인의 재정 관리는 사업을 운영하는 것과 비슷합니다. 재정적 어려움에 빠지지 않으려면 돈이 얼마나 들어오고 나가는지 주시하고, 수입과 지출의 균형을 맞추는 방법을 찾아야 합니다.

나만의 집

가족을 떠나 독립을 한 젊은 성인은 대부분 주택을 임대합니다. 그리고 일정 단계에 이르면 자기 소유의 주택을 구입하기 위해 대출을 받기도 하죠. 주택을 구입하면 자신의 재산이 된다는 장점이 있지만 대출상환금과 유지비를 내야 하는 책임이 뒤따릅니다.

대비

보험 가입은 자신을 보호하는 현명한 방법입니다. 어떤 문제가 발생했을 때 보험이 없다면 비용이 많이 들 수 있어요. 언변이 좋은 판매원을 만나면 신중히 대하며 보험 정책을 주의 깊게 살펴야 합니다. 예를 들어 전자제품을 구입할 때는 도난이나 고장에 대비한 보험을 추천받을 수 있습니다. 만약 상품을 교체하는 것만큼 비용이 든다면 보험을 들 가치가 없으니 신중하게 판단해야 합니다.

경제학자 목록

니콜라스 스턴(Nicholas Stern, 1946~)

영국의 경제학자로, 세계은행의 전 부총재다. 영국 정부에 기후 변화와 관련된 경제학 자문을 해준 것으로 잘 알려져 있다. 영국 재무부가 위임한 팀의 수장으로 2006년 기후 변화의 경제학에 대한 스턴 보고서를 발표했다. 보고서를 통해 그는 기후 변화를 '가장 큰 시장 실패의 결과'라고 설명했다.

담비사 모요(Dambisa Moyo, 1969~)

뉴욕에 거주 중인 잠비아 출신의 국제 경제학자다. 첫 책인《죽은 원조》를 통해 개발도상국 원조를 반대하며 주목받았다. 학업을 위해 미국으로 갔다가 이후에 옥스퍼드대학교에서 경제학 박사학위를 받았다. 세계은행과 골드만삭스에서 근무한 뒤 개발과 국제경제학에 관해 저술하고 연설하는 데 주력하고 있다. 여러 주요 회사와 은행, 자선단체의 이사회 멤버이기도 하다.

대니 로드릭(Dani Rodrik, 1957~)

터키의 경제학자로 미국에서 경제학을 전공했으며, 현재 하버드대학교에서 국제정치경제학 교수로 재직 중이다. 모국인 터키에 깊은 유대감을 갖고 있다. 경제 발전과 국제경제학 분야에서 가장 영향력 있는 인물로, 세계화가 미친 광범위한 사회 경제적 영향과 그에 대한 정부의 대응을 깊이 연구하고 있다.

대니얼 카너먼(Daniel Kahneman, 1934~) 88쪽 참고

데이비드 리카도(David Ricardo, 1772~1823년) 67쪽 참고

데이비드 흄(David Hume, 1711~1776년)

18세기 영국에서 가장 영향력 있는 철학자이자 경제학자다. 12세에 에든버러대학교에 입학했고, 훗날 파리와 런던에서 거주한 뒤 에든버러로 돌아왔다. 경제적 자유가 정치적 자유에 필수적이라고 주장했으며, 나라의 물가는 화폐 공급의 변화에 따라 변동한다고 설명했다. 수입 제한과 수출 장려가 국가를 부유하게 만들지 않으며, 대신 수출이 증가해 그 대가인 많은 금이 나라로 들어오면 재화의 가격이 실제로 상승한다는 이론이다.

랑나르 프리슈(Ragnar Frisch, 1895~1973년)

노르웨이에서 태어났으며, 원래는 금세공인이 되기 위해 기술을 배웠다. 경제학에 수학과 통계를 접목한 선구자로 '계량경제학'과 '미시경제학', '거시경제학'이라는 용어를 만들어냈다. 1932년에 오슬로 경제학 연구소를 설립했고, 1969년에 동료 얀 틴베르헌(Jan Tinbergen)과 함께 최초의 노벨경제학상을 수상했다.

레옹 발라(Leon Walras, 1834~1910년)

프랑스의 경제학자로, 공학을 공부하고 언론과 은행업을 비롯한 여러 직업을 경험한 뒤 경제학으로 전향했다. 스위스 로잔대학교의 정치경제학 교수였다. 자신의 수학적 지식을 경제학 연구에 적용해 한계 가치와 시장 균형 이론을 발전시켰다.

로버트 기펜(Robert Giffen, 1837~1910년)

스코틀랜드의 금융 언론인이자 통계학자, 경제학자다. 가격이 오르면 수요가 증가하는 재화를 말하는 '기펜재'는 그의 이름에서 유래했다. 원래 기펜재는 19세기 영국 사회에서 가장 가난한 사람들의 주식이었던 빵을 의미했다. 빵값이 오르자 고기를 살 여력이 없었던 이들은 생계를 위해 빵에 더 많은 돈을 썼다. 다른 음식을 사려면 더 많은 돈이 필요했기 때문에 빵의 수요가 증가한 셈이다.

로버트 퍼트넘(Robert Putnam, 1941~)

미국의 정치학자로, 공공 정책과 사회 변화에 주목했다. 저서《나 홀로 볼링》을 통해 사회와 경제, 특히 미국의 연관성에 대해 언급했다. 사회적 네트워크를 '사회적 자본'이라고 부르며 현대 사회에서 줄어드는 자원이라고 주장했다.

루트비히 폰 미제스(Ludwig von Mises, 1881~1973년)

오스트리아학파의 주요 경제학자로, 빈대학교에서 공부했다. 1930년대 나치 집권 후 빈을 떠나 제네바로 간 뒤 뉴욕에 정착하여 대학에서 학생들을 가르쳤다. 그의 반사회주의 경제 이론은 20세기 후반 프리드리히 하이에크와 미국의 신자유주의 경제학자들에게 큰 영향을 미쳤다.

리처드 이스털린(Richard Easterlin, 1926~)

미국의 경제학 교수로, 1974년 '이스털린의 역설'을 발표했다. 30년 동안 19개국 사람들의 행복 조사를 살핀 뒤 소득에 따라 행복도 증가하지만, 국민소득의 차이에도 불구하고 나라 간에 별 차이가 없다는 사실을 발견했다. 부유국이 항상 가장 행복한 것도 아니었다. 미국은 1946년부터 GDP가 증가했지만 1960년대에 접어들면서 행복도가 감소했다. 이러한 역설로 경제와 웰빙과의 관계에 관한 연구가 시작되었다.

막스 베버(Max Weber, 1864~1920년)

독일에서 태어났으며, 현대 사회학 연구의 창시자로 독일의 여러 대학에서 학생들을 가르쳤다. 저서《프로테스탄트 윤리와 자본주의 정신》을 통해 북유럽의 사회적·종교적 분위기가 자본주의와 산업화와 함께 어떻게 경제

성장을 이끌었는지 설명했다.

모리스 알레(Maurice Allais, 1911~2010년)

프랑스의 경제학자로, 행동경제학의 초기 개척자 중 한 명이다. 의사를 결정할 때 심리적인 요소, 특히 여러 선택에 직면했을 때 우리의 경제적 행동이 얼마나 이성적인지에 대해 연구했다. 파리에서 수학을 공부하고 엔지니어로 일하다 파리고등광업학교의 경제학 교수로 임명되었다. 1988년 노벨경제학상을 수상했다.

밀턴 프리드먼(Milton Friedman, 1912~2006년)   118쪽 참고

비어트리스 웹(Beatrice Webb, 1858~1943년), 시드니 웹(Sidney Webb, 1859~1947년)

비어트리스 웹은 경제학자이자 역사가, 활동가였으며, 그녀의 남편 시드니 웹은 영국 노동조합과 협동조합, 사회주의 단체인 페이비언 협회, 영국의 주요 정당인 노동당 결성에 핵심적인 인물이었다. 둘은 함께 최저 임금 보장과 복지 국가 수립 같은 사회 개혁을 위해 캠페인을 벌였다. 여러 권의 책을 공동 집필했으며, 런던정치경제대학교의 공동 설립자로 참여했다.

빌프레도 파레토(Vilfredo Pareto, 1848~1923년)

프랑스인 어머니와 이탈리아인 아버지 사이에서 태어났다. 공학을 전공한 뒤 토목기사가 되었으나 경제학과 사회학에 관심이 많아 45세의 나이에 로잔대학교의 정치경제학 교수가 되었다. 자신의 이름을 딴 '파레토 효율성'을 비롯해 복지경제학과 소득 분배에 관한 연구로 잘 알려져 있다.

소스타인 베블런(Thorstein Veblen, 1857~1929년)

미국 미네소타 한 농장의 노르웨이 이민자 가정에서 태어났다. 당시 경제학자들의 여러 주류 사상에 반대했으며, 자본주의를 비판하는 사회학과 경제학을 결합한 파격적인 방식을 개발했다. 저서 《유한계급론》을 통해 '과시적 소비'와 자신의 이름을 딴 베블런재의 개념을 설명했다.

아마르티아 센(Amartya Sen, 1933~)

인도의 경제학자다. 자원을 가장 잘 배분하는 방법에 관한 복지경제학 연구로 1998년에 노벨경제학상을 수상했다. 콜카타 캘커타대학교에서 공부했으며, 영국 케임브리지대학교에서 학업을 이어나갔다. 그 후 인도와 미국, 영국의 대학에서 학생들을 가르쳤다.

아서 래퍼(Arthur Laffer, 1940~)

미국의 경제학자로, 1970년대에 정부가 재화와 서비스를 공급하는 기업에 많은 간섭을 해서는 안 된다고 주장했다. 그를 세상에 알린 '래퍼 곡선'은 세율과 거두는 돈의 관계에 관한 그래프다. 이 그래프는 특정 수준 이상으로 세금을 인상하면 정부는 수익을 더 적게 얻을 수 있음을 보여준다.

아서 피구(Arthur Pigou, 1877~1959년)

영국의 경제학자로, 케임브리지대학교에서 공부했다. 외부성을 일으켜 다른 사람에게 피해를 주거나 비용을 초래하는 기업에 '피구세'라는 세금을 부과해야 한다고 주장했다. 1908년 케임브리지대학교의 정치경제학 교수가 되어 1943년까지 머물렀다.

알프레드 마샬(Alfred Marshall, 1842~1924년)

영국의 저명한 경제학자이자 신고전학파의 창시자로, 경제학 연구에 과학적 방법을 접목시켰다. 그가 집필한 《경제학 원리》는 경제학의 모든 측면을 광범위하게 다룬 도서로, 50년이 넘도록 많은 사람에게 사랑받고 있다. 브리스틀대학교와 케임브리지대학교에서 학생들을 가르쳤고, 존 메이너드 케인스를 비롯한 많은 사람이 그의 영향을 받았다.

앙투안 오귀스탱 쿠르노(Antoine Augustin Cournot, 1801~1877년)

가난한 집안에서 태어나 수학을 공부한 뒤 가정교사, 나폴레옹의 비서, 대학 강사로 일했다. 수리경제학의 선구자로, 독점과 복점 상태에서의 산업 생산량과 이익을 비교했다. 제품의 수요와 가격의 관계를 설명하기 위해 그래프에 수요와 공급곡선을 그린 최초의 경제학자다.

애덤 스미스(Adam Smith, 1723~1790년)   32쪽 참고

야니스 바루파키스(Yanis Varoufakis, 1961~)

그리스에서 태어난 자칭 '자유지상적 마르크스주의자'로, 영국에서 수학을 공부한 뒤 경제학으로 박사학위를 받았다. 1988년부터 호주 시드니대학교에서 학생들을 가르쳤고, 2000년에 그리스로 돌아와 아테네대학교에서 강의하며 정부 고문으로 일했다. 2015년 좌파 시리자 정부의 재무부장관으로 임명되었지만, 7개월 만에 사임했다. 그의 사임은 구제금융의 대가로 국제금융기관이 그리스에 부과한 엄격한 조건에 항의하기 위해서였다.

에른스트 엥겔(Ernst Engel, 1821~1896년)

1885년 소득의 변화에 따른 수요의 변화를 보여주는 '수요의 탄력성'을 발표했다. '엥겔의 법칙'은 사람들이 부유해질수록 음식과 같은 기본 필수품의 지출은 소득의 증가보다 적게 늘어나고 휴가와 같은 사치 항목 지출은 소득 증가만큼 빠르게 늘어난다고 주장했다.

엘리너 오스트롬(Elinor Ostrom, 1933~2012년)

2009년 여성 최초로 노벨경제학상을 수상했다(올리버 윌리엄슨[Oliver Williamson]과 공동 수상). 미국에서 태어나 UCLA에서 공부한 뒤 인디애나와 애리조나주립대학에서 학생들을 가르쳤다. 공공재와 서비스의 생산에 관한 연구로 이름을 날렸다.

윌리엄 제번스(William Jevons, 1835~1882년)

영국의 경제학자로, 논리와 경제학에 관한 여러 책을 집필했다. 상품의 가치는 생산 비용이 아닌 소비자의 효용에 있다고 말하며, 소비자의 행동을 '한계효용' 이론으로 설명했다. 초콜릿은 처음 먹을 때는 매우 맛있지만 먹을수록 만족감이 줄어든다. 더해지는 초콜릿의 효용(가치), 즉 한계효용이 감소하는 것이다. 따라서 가격이 내려갈 때만 더 구입하거나 많은 효용을 얻기 위해 다른 제품을 사게 된다.

유진 파마(Eugene Fama, 1939~)

이탈리아계 미국인 3세로, 가족 중 처음으로 대학에 진학했다. 1960년대에 주식시장의 가격 변동은 단기적으로 예측할 수 없으며, 가격은 새로운 정보에 즉각적으로 반응해 시장을 효율적으로 만든다고 주장했다. '효율적 시장가설'의 창시자인 그는 2013년 노벨경제학상을 수상했다.

장 바티스트 세이(Jean-Baptiste Say, 1767~1832년)

시장의 수요와 공급을 설명하는 '세이의 법칙'으로 잘 알려진 프랑스의 경제학자다. 영국에서 교육을 마쳤으며, 상인으로 일하다 훗날 면직물 공장을 세우기도 했다. 파리에서 정치 잡지의 편집자로 일하면서 애덤 스미스의 경제사상을 널리 알렸다.

장 보댕(Jean Bodin, 1530~1596년)

변호사이자 역사가, 영향력 있는 정치사상가로, 인플레이션에 관한 초기 연구를 발표했다. 시중에 있는 통화량과 살 수 있는 재화의 수량이 관련이 있다고 보았으며, 인구가 증가하던 16세기 남미의 스페인 식민지에서 금과 은의 유입으로 유럽 전역의 물가가 오른 것을 비난했다.

장하준(Ha-Joon Chang, 1963~)

주류경제학과 개발 정책에 관한 주요 비평가로, 영국 케임브리지대학교에서 학생들을 가르치고 있다. 《사다리 걷어차기》, 《나쁜 사마리아인들》, 《그들이 말하지 않는 23가지》 등의 저서를 통해 자유무역과 세계화의 결과에 의문을 제기하고 빈곤 문제 해결을 위한 대안을 제시했다.

제라르 드브뢰(Gérard Debreu, 1921~2004년)

프랑스의 수학자다. 1948년 미국을 방문한 뒤 시카고대학교의 코울스 위원회에 합류해 경제학 문제에 수학을 적용했다. 시장이 소비자와 기업의 수요와 재화, 서비스 공급 간에 효율적이고 공정하며 안정적인 균형을 이루는 방법에 관해 연구했으며, 이 연구를 통해 1983년 노벨상을 수상했다.

제임스 토빈(James Tobin, 1918~2002년)

1960년대 존 F. 케네디(John F. Kennedy) 대통령의 경제 고문이었다. 하버드대학교에서 공부했고, 그곳에서 존 메이너드 케인스를 만나 그의 경제정책을 지지했다. 조세 전문가로서 금융시장의 무분별한 투기를 억제하기 위해 금융 거래에 부과하는 세금인 '토빈세'를 제안했다.

제프리 삭스(Jeffrey Sachs, 1954~)

미국의 경제학자로, 하버드대학교에서 20년 이상 경제학을 가르쳤다. 1980년대와 1990년대에 라틴아메리카의 정부와 동유럽과 소련 같은 구공산주의 국가에 자문을 제공했다. 지금은 지속 가능한 개발과 공중 보건 문제를 연구하고 있으며, 2002년부터 뉴욕 컬럼비아대학교의 지구연구소 소장을 맡고 있다.

조앤 로빈슨(Joan Robinson, 1903~1983년)

위대한 여행가이자 경제 개발의 선구적인 사상가다. 성공적인 업적을 보여준 최초의 여성 경제학자 중 한 명으로, 케임브리지대학교에서 공부했다. 일정 기간 여행을 마치고 케임브리지대학교로 돌아와 학생들을 가르쳤다. 그곳에서 존 메이너드 케인스의 영향을 받았고, 그의 이론을 기반으로 마르크스경제학을 반영해 자신의 화폐경제학 이론을 발전시켰다.

조지 스티글러(George Stigler, 1911~1991년)

미국의 경제학자로, 시카고대학교에서 공부하고 뉴욕 컬럼비아대학교에서 학생들을 가르친 뒤 1958년에 시카고로 돌아왔다. 밀턴 프리드먼과 함께 시카고학파의 주요 회원이며, 1982년에 노벨상을 수상했다. 새로운 정보경제학 분야를 파고든 최초의 경제학자 중 한 명으로, 정부 행동과 경제학의 역사를 연구했다.

조지프 슘페터(Joseph Schumpeter, 1883~1950년)

오스트리아-헝가리 제국이었던 모라비아에서 태어나 빈으로 이동했다. 체르노비츠대학교(현재는 우크라이나)와 그라츠대학교(오스트리아)에서 학생들을 가르쳤다. 제1차 세계대전 이후 오스트리아의 재무부장관으로 임명되었고, 이후 비더만 은행의 총재를 맡았으며, 1924년에 미국으로 이주했다. 카를 마르크스와 마찬가지로 자본주의 체제가 파괴적이라고 믿었지만, 자본주의가 가져온 혁명은 '창조적 파괴'라고 설명했다.

조지프 스티글리츠(Joseph Stiglitz, 1943~)

미국의 경제학자로, 정보경제학에 관한 연구로 유명해졌으며, 1990년대 빌 클린턴 대통령의 경제 고문을 거쳐 세계은행의 수석 경제학자가 되었다. 만연한 자유시장의 경제, 특히 다국적 기업과 IMF, 세계은행과 같은 기관이 세계화를 이끄는 방식에 비판적이다.

존 메이너드 케인스(John Maynard Keynes, 1883~1946년)

111쪽 참고

존 스튜어트 밀(John Stuart Mill, 1806~1873년)

영국의 저명한 사상가 집안 출신으로, 철학자, 정치가, 사회운동가, 경제학자로 활동했다. 국가 개입에서 자유로운 개인에 관한 그의 이론은 19세기 영국의 정치·경제적 자유주의의 기초를 형성했다. 1860년대 영국 의회의 일원으로 사회 정의에 관한 자신의 견해를 거리낌 없이 주장했다. 노예제도를 반대했으며, 아내 해리엇 테일러(Harriot Taylor)와 함께 여성의 권리를 위한 운동을 펼쳤다.

존 케네스 갤브레이스(John Kenneth Galbraith, 1908~2006년)

캐나다와 미국에서 경제학을 공부했다. 영국 케임브리지대학교에서 학생들을 가르치는 동안 존 메이너드 케인스의 영향을 크게 받았다. 제2차 세계대전 중에 미국 정부의 물가정책국 부국장을 맡았지만, 영구적인 가격 통제를 지지해 사임하게 되었다. 언론인과 학자, 존 F. 케네디 대통령의 경제 고문으로도 일했으며, 1958년에 출간한 저서 《풍요로운 사회》로 많은 인기를 끌었다.

존 포브스 내시(John Forbes Nash, 1928~2015년)

1994년에 노벨경제학상을 수상한 뛰어난 수학자다. 그의 '게임 이론' 연구는 우리가 경제적 결정을 내릴 때 상호 작용하는 방식을 설명했다. 영화 〈뷰티풀 마인드〉는 조현병과 싸우는 그의 삶을 그렸다.

카를 마르크스(Karl Marx, 1818~1883년)   48쪽 참고

카를 멩거(Carl Menger, 1840~1921년)

현재의 폴란드인 갈리시아에서 태어났으며, 빈대학교에서 경제학을 가르쳤다. 그곳에서 각 단위가 더해질 때 재화의 가치를 설명하며 한계효용 이론의 발전을 도왔다. 이러한 연구로 독일의 주류 경제사상가들과 분열이 일어나자 동료인 이겐 폰 뵘-바베르크(Eugen von Böhm-Bawerk), 프리드리히 폰 비저 등과 함께 오스트리아학파를 세웠다.

크리스틴 라가르드(Christine Lagarde, 1956~)

프랑스에서 태어났으며, 법학을 전공하고 국제법률회사에서 일하다 정치에 입문했다. 프랑스 상무부장관과 재무부장관을 역임했으며, 2011년에는 국제통화기금(IMF)의 총재로 선출되었다.

토마스 맬서스(Thomas Malthus, 1766~1834년)

영국의 경제학자로, 케임브리지대학교에서 공부한 뒤 영국 교회의 성직자가 되었다. 그를 유명하게 만든 것은 인구 증가와 빈곤의 상관관계에 대한 연구이며, 1805년 최초의 정치경제학 교수가 되었다.

폴 크루그먼(Paul Krugman, 1953~)

미국의 경제학자로, 국제무역과 금융 분야의 선구적인 연구로 유명하다. 2008년 국제무역의 패턴에 관한 연구로 노벨상을 수상했다. 이 연구는 지리를 경제학의 중심에 둔 새로운 무역 이론으로 여겨진다. 그는 경제 활동의 위치는 다양한 브랜드를 선호하는 소비자와 규모의 경제를 원하는 생산자, 상품 운송비가 결정한다고 설명했다.

프랑수아 케네(François Quesnay, 1694~1774년)

최초의 현대 경제학자 중 한 명으로, 프랑스에서 태어났다. 의학을 공부한 뒤 베르사유 왕궁의 의사가 되었지만, 훗날 경제학에 전념했다. 1758년 경제의 원리를 최초로 설명한 《경제표》를 발표했다.

프랑코 모딜리아니(Franco Modigliani, 1918~2003년)

거침없는 반파시스트이자 유대인으로, 1938년 파시스트 독재자인 무솔리니를 피해 고향 이탈리아를 떠났다. 파리에 살다 미국에 정착했고, 그곳에서 경제학을 가르쳤다. 그 후 매사추세츠공과대학의 교수가 되었으며, 1985년에 저축과 금융시장에 대한 연구로 노벨상을 수상했다.

프리드리히 폰 비저(Friedrich von Wieser, 1851~1926년)

오스트리아학파의 저명한 경제학자로, 빈대학교의 교수가 되기 전까지 공무원으로 일했다. 한계효용과 가치이론, 기회비용의 개념 같은 경제 연구에 기여했다.

프리드리히 하이에크(Friedrich Hayek, 1899~1992년)

100쪽 참고

하이먼 민스키(Hyman Minsky, 1919~1996년)

세인트루이스워싱턴대학교의 경제학 교수였다. 불가피한 폭락의 시기인 '민스키 모멘트'와 경제위기에 대한 해석으로 잘 알려져 있다. 그는 불황과 호황으로 이어지는 경제의 기복을 연구했고, 존 메이너드 케인스의 영향을 받아 정부가 금융시장에 개입해야 한다고 주장했다.

허버트 사이먼(Herbert Simon, 1916~2001년)

정치와 경제는 물론 심리와 사회, 컴퓨터 과학 등 다양한 분야의 저명한 사상가로, 진정한 박식가였다. 이 모든 주제의 생각을 모아 행동경제학을 이끌었으며, '제한적 합리성' 이론으로 1978년 노벨경제학상을 수상했다.

용어설명

개발

국가가 경제 성장과 국민의 복지 향상, 또는 빈곤한 개발도상국을 돕기 위해 펼치는 정책과 투자

경쟁

둘 이상의 생산자가 가장 좋은 조건을 제공해 구매자를 유치하려 할 때 생긴다. 경쟁이 많아지면 기업의 효율은 더 높아지고 가격은 낮아진다.

고전학파

18~20세기 애덤 스미스와 여러 경제학자가 창안했으며, 국가와 자유시장의 성장에 초점을 두었다. 개인의 이익 추구가 모두에게 경제적 혜택을 준다는 사상이다.

관세

국가가 수입품에 부과하는 세금

공황(Depression)

장기간 수요와 생산이 침체하고 실업은 증가하고 신용거래는 드문 상태

국제수지

일정 기간 한 나라가 국제 거래를 통해 벌어들인 모든 금액과 해외에 지급한 금액의 차이

거시경제학

이자율, 인플레이션, 성장, 실업률 등 여러 요인을 살펴보고 경제를 전체적인 관점에서 분석하는 것. 미시경제학의 대안적 연구 분야

공급

구매할 수 있는 제품의 양

공산주의

카를 마르크스가 창시한 것으로, 재산과 생산 수단을 공동으로 소유해 평등을 추구하는 정치·경제 시스템. 사회주의와 비슷한 개념으로 자본주의에 반대한다.

국영화

정부가 기업이나 산업을 사적 소유에서 공적(국가) 소유로 바꾸는 것. 민영화의 반대 개념

기업

2명 이상이 제품을 만들고 서비스를 제공하기 위해 함께하는 사업. '회사'라고도 불리며, 대기업은 흔히 '주식회사'라고 칭한다.

다국적

다국적(초국적) 기업은 여러 국가에서 사업을 운영하고 재화를 생산하는 대기업을 의미한다.

담보대출

채무자의 자산을 담보로 하는 대출. 채무자가 상환하지 못하면 대출기관은 그 자산을 취한다. 주택담보대출(모기지)은 대출을 위해 부동산을 담보로 잡는다.

독점

시장에 하나의 기업만 존재하는 것. 경쟁이 없기 때문에 기업은 대개 적게 생산해 높은 가격에 판매한다.

디플레이션

재화와 서비스의 가격이 점점 하락하는 것. 인플레이션의 반대 개념

무역수지

일정 기간 한 나라의 수출액과 수입액의 차이

물물교환

화폐와 같은 교환 수단을 사용하지 않고 재화나 서비스를 서로 직접 교환하는 시스템

미시경제학

가계와 기업, 시장의 경제적 행동 같이 경제를 구성하는 특정한 세부 요소를 연구하는 것. 거시경제학의 대안적 연구 분야

민영화

공기업을 개인 투자자에게 매각하는 것. 국영화의 반대 개념

베어마켓

주가나 원자재 가격이 하락하는 시기. 불마켓의 반대 개념

보조금

수입품과 가격 경쟁이 어려운 기업을 보호하기 위해 가격을 인위적으로 낮출 수 있도록 정부가 기업에 보조하는 금액

보호주의

관세나 수입할당제 같은 무역 장벽을 부과해 해외의 경쟁자에서 국가 경제를 보호하는 정책

분업

개인이나 조직에 업무를 배분하는 것. 그들의 기술이나 능력에 따라 할당해 효율을 높이고 생산량을 늘린다.

불마켓

주가나 원자재 가격이 상승하는 시기. 베어마켓의 반대 개념

불황(Recession)

경제의 총생산이 감소하는 시기. 심각한 불황이 장기간 계속되면 '공황'이라고 부른다.

사회주의

정부가 임금을 받는 노동자를 대신해 재산과 생산 수단을 소유하고 운영하며 사회적 평등을 추구하는 정치·경제 시스템. 공산주의보다는 덜 극단적이지만 두 체제 모두 자본주의에 반대한다.

산업

재화와 서비스의 생산을 가리키는 일반적 용어. 석유 산업, 영화 산업처럼 특정 분야를 설명할 때도 사용된다.

상품

거래할 수 있는 모든 제품이나 서비스. 주로 공급자와 관계없이 품질이 비슷하고 대량 구입이 가능한 석유나 밀 같은 원자재를 지칭한다.

생산

판매를 위해 재화와 서비스를 만드는 과정. 일정 기간 생산된 총량을 의미한다.

생산성

개인과 기업, 나라 전체의 생산량의 정도. 보통 일정 기간의 총생산량을 노동 시간이나 노동자 수로 나누어 계산한다.

생활비

식료품비, 집세 등 기본적인 필요에 드는 평균 비용. 다른 나라나 도시에서 일정 생활수준을 유지하는 데 얼마의 비용이 필요한지 보여주는 척도다.

서비스

미용과 운송, 은행 업무 같은 무형의 상품을 의미. 서비스와 재화는 경제 활동의 핵심 요소다.

세계화

국경을 넘어 돈과 재화, 사람이 자유롭게 이동하며 시장이 통합되고 나라 간의 경제적 상호의존성이 높아지는 상태

세금

정부가 기업과 개인에게 부과하는 금전. 세금은 법적으로 납부해야 할 의무를 지닌다.

성장

일정 기간 경제의 잠재적 생산량 증가를 의미. 한 나라와 다른 나라의 1인당 GDP를 비교해 성장을 측정할 수 있다.

소비

재화와 서비스, 그 가치를 구매하는 것. 정부는 개별 구매를 합산해 국가의 소비를 측정한다. 사회가 더 많은 자원을 소비할수록 저축과 투자에 들어가는 돈은 줄어든다.

수요

개인이나 집단이 살 능력과 의지가 있는 재화와 서비스의 양. 수요가 많을수록 가격이 높아진다.

수요와 공급

시장경제의 양대 원동력. 보통 낮은 공급과 높은 수요는 가격을 올리고, 높은 공급과 낮은 수요는 가격을 내린다.

수익

기업이 일정 기간 번 총금액. 정부가 세금이나 다른 경로로 얻은 총수입

수입

다른 나라의 재화와 서비스를 구매하는 것. 수출의 반대 개념

수입 할당

한 국가가 다른 국가에서 수입하는 상품의 수량을 제한하는 것

수출

다른 나라에 재화 서비스를 판매하는 것. 수입의 반대 개념

시장

재화와 서비스를 사고파는 실제나 가상의 장소

시카고학파

자유시장을 지지하는 경제학자. 정부의 역할을 제한하고 규제를 완화하자는 그들의 사상은 1980년대에 큰 주목을 받았다.

신고전경제학

오늘날 지배적인 경제학 접근 방식. 고전경제학의 자유시장 이론에서 발전했으며, 수요와 공급의 개념과 합리적 선택을 하는 개인에 근거를 둔다.

신용거래

후지급 형태. 채권자(대출기관)는 채무자(차용인)가 나중에 갚을 것이라 믿고 돈을 빌려준다. 부채를 상환할 자금이 있는 예금 계좌는 '신용'이 있는 셈이다.

신자유주의

자유무역과 더 강력한 민영화, 최소한의 정부 개입을 지지하는 경제와 사회 연구 방식

예산

예정된 모든 소득과 지출을 기록한 재무 계획

오스트리아학파

19세기 후반 오스트리아의 경제학자 카를 멩거가 창안했다. 이 경제학파는 모든 경제적 활동은 개인의 선택과 행동이 결정한다고 주장하며 정부 개입에 반대했다.

외부효과

어떤 경제 활동이 그 활동에 참여하지 않은 사람들에게 손해나 혜택을 발생시키는 것. 이 외부효과는 가격에 반영되지 않는다. 인근 집의 가치를 떨어뜨리는 공항의 소음이나 인근 농장의 작물에 꽃가루를 옮겨주는 양봉장의 꿀벌을 예로 들 수 있다.

이익

기업의 총수익에서 총비용을 뺀 액수

이자

돈을 빌리는 비용. 이자는 대출기관이 채무자에게 돈을 빌려주며 감수하는 위험을 보상한다.

이자율

돈을 빌리는 가격. 대출 이자율은 대출 원금에 연간 갚아야 하는 이자를 비율로 표시한 것이다.

인플레이션

재화와 서비스의 가격이 꾸준히 상승하는 상황. 디플레이션의 반대 개념

자본

기업이 재화와 서비스를 생산하고 돈을 버는 데 사용하는 생산 수단과 화폐, 실물 자산

자본주의

개인은 생산 수단을 소유하고, 기업은 이익을 놓고 재화를 팔기 위해 경쟁하며, 근로자는 임금을 받고 노동력을 제공하는 경제 시스템

자산

돈과 재산, 기계 장비와 같이 자원으로 사용될 수 있는 누군가의 소유물. 추후 지급되는 상품의 값처럼 앞으로 받을 돈이나 남은 부채도 자산으로 여겨진다.

자유무역

관세나 수입할당제처럼 정부나 다른 기관이 부과하는 규제 없이 재화와 서비스를 수출하고 수입하는 것

자유방임

정부의 개입이 없는 시장을 설명하는 개념으로, 프랑스어로 '내버려두어라'라는 의미

자유시장경제

개인과 기업이 수요와 공급을 기반으로 생산과 가격 결정을 내리는 시장경제 시스템. 정부의 간섭은 적거나 거의 없다.

재화

소비자의 수요를 맞추기 위해 판매되는 실질적인 제품이나 원재료를 가리키는 용어

적자

불균형 상태. 수입이 수출보다 많은 것을 '무역적자'라고 한다. 국가적자 예산은 공공지출이 조세 수입보다 많을 때를 의미한다. 흑자의 반대 개념

정부

나라를 운영하는 체제나 과정, 운영하는 사람을 의미. 경제학자는 정부가 경제에 얼마나 개입해야 하는지를 두고 논쟁한다.

주식

기업의 소유권 단위. 기업은 투자자에게 주식을 팔아 사업 발전을 위한 자금을 얻는다. '지분'이라고도 부른다.

주식시장

주식(지분)을 사고파는 시장

주식회사

단일 주체로 활동할 법적 권한이 있는 회사. 회사의 소유주인 주주는 비즈니스를 운영할 이사회를 선출한다.

주택담보대출(모기지)

부동산의 가치에 따른 대출. 대출은 담보로 잡은 부동산을 구입하는 데 쓰이거나 소유주가 다른 용도로 쓸 자금을 마련하기 위해 사용될 수 있다. 채무자가 대출을 상환하지 않으면 대출기관은 그 부동산을 인수해 매각할 수 있다. 모기지는 부동산이 담보 역할을 하는 일종의 담보대출이다.

중상주의

16~18세기 경제학을 지배한 학설. 무역흑자와 풍부한 통화 공급을 유지하기 위해 정부의 대외 무역 통제를 강조했다.

채권

자본을 조달하기 위한 대출의 한 형태. 유가증권으로도 알려진 채권은 정부나 기업이 일정 금액의 대가로 발행한다. 채권 발행자는 향후 빌린 금액에 이자를 더해 상환하기로 약속한다.

채무

채무자가 채권자에게 대출금을 상환하기로 맺는 약속

채무불이행(디폴트)

계약 조건에 맞게 대출금을 상환하지 않는 것

카르텔

기업들이 가격을 올리기 위해 담합해 재화의 가격을 고정하거나 생산량을 제한하는 것

케인스학파

20세기의 저명한 경제학자 존 메이너드 케인스의 사상을 바탕으로 경기 침체에서 회복하기 위해 정부의 지출을 늘릴 것을 주장한 경제학파

통화 정책

경제를 활성화하거나 둔화하기 위해 통화량이나 금리를 조정하는 정부 정책

투자

미래의 생산과 이익을 높이기 위한 자본의 투입

파산

기업이나 개인이 채무를 상환할 수 없다는 법적 선언

행동경제학

심리와 사회적 요인이 의사결정에 미치는 영향을 연구하는 경제학

헤지

기존의 위험을 상쇄하기 위해 새로운 위험을 취하며 그 리스크를 줄이는 것. 헤지펀드는 소수의 부유하고 공인된 개인과 기관의 자본을 모아 다양한 자산에 투자하는 투자 펀드다.

흑자

수출이 수입보다 많을 때 '무역흑자'라고 한다. 국가흑자 예산은 조세 수입이 공공지출보다 많을 때를 의미한다. 적자의 반대 개념

GDP

국내총생산. 1년간 국가의 소득 측정. 한 나라에서 연간 생산된 재화와 서비스를 합산해 측정하며, 주로 나라의 경제 활동과 부를 측정하는 데 사용된다.

GNP

국민총생산. 한 나라의 국민이 국내외에서 1년 동안 생산한 모든 재화와 서비스의 가치

찾아보기

감사의 글

돌링 킨더슬리 출판사는 다음 분들에게 감사를 전합니다.
서론(6~7쪽)을 집필한 데릭 브래든, 집중 분석을 작성한 조 판던,
용어설명을 맡은 카밀라 할리넌, 교정을 담당한 헤이즐 베이논,
색인을 정리한 헬렌 피터스에게 감사의 마음을 전합니다.
사진 사용을 기꺼이 허락해준 분들에게도 감사드립니다.